DICHTERWETTSTREIT *deluxe*

2. Auflage 2025
© 2024 Dichterwettstreit deluxe,
Villingen-Schwenningen/Tübingen
info@dichterwettstreit-deluxe.de
www.dichterwettstreit-deluxe.de/impressum

Satz & Lektorat: Elias Raatz & Annika Siewert
Design: Hubert Baumann, T-Sign Werbeagentur
Druck: BOD GmbH, Norderstedt

100 % Mensch: Bei diesem Buch wurde während des gesamten Herstellungsprozesses keine generative KI verwendet.

ISBN: 978-3-98809-009-6
ISBN E-Book: 978-3-98809-010-2

www.dichterwettstreit-deluxe.de

Michael Jakob & Elias Raatz (Hrsg.)

HANF
AUFS
HERZ

18 Geschichten, Gedichte, Gedanken
über Alkohol, Cannabis und weitere Drogen

DICHTERWETTSTREIT *deluxe*

THEMEN
BAND 03

Quellenangaben für verwendete Bilder:

S. 08   Bild Elias Raatz © Ale Zea
S. 20   Bild Michael Jakob © Andi Pontanus
S. 30   Bild Thomas Schmidt © Valentin Olpp
S. 36   Bild Pauline Prigge © Antonia Teichert
S. 42   Bild Uli Höhmann © Johanna Schmücker
S. 48   Bild Ramon Schmid © Hannes Keller
S. 52   Bild Klaus Estermann © Karl Svec
S. 58   Bild Andy Strauß © Tino Bomelino
S. 66   Bild Jan Cönig © Daniel Mathias
S. 71   Bild Tonia Krupinski © Marvin Seeligmann
S. 78   Bild Marcel Ifland © Olivia Kudela
S. 106   Bild Martin Geier © Jörg Huber
S. 112   Bild Marina Sigl © Franziska Gross
S. 118   Bild Micha-El Goehre © Der Fotowikinger

Illustrationen von Barbara Gerlach

Herausgegeben von
Michael Jakob

Michael Jakob wurde 1978 in Ansbach geboren und zählte in seiner aktiven Slam-Zeit (2003–2011) zu den erfolgreichsten Slam Poeten des Landes. Der Kabarettist und Moderator wurde unter anderem zweimal in Folge fränkischer Poetry Slam-Meister und gewann diverse Kultur- oder Kabarettpreise.

Elias Raatz

Der 1997 geborene Moderator, Autor, Kulturschaffende und Medienwissenschaftler Elias Raatz ist Gastgeber diverser Kleinkunstveranstaltungen und versammelt mit dem *Dichterwettstreit deluxe* regelmäßig Slam Poet*innen auf Bühnen sowie in Büchern. Als kreativer Tausendsassa liebt er geschmunzeltfrönenden Eskapismus, bitterböse Satire und eine gesunde Portion Stumpfsinn, die er mit viel Meinung sowie aktuellem Zeitgeschehen anreichert.

Mit Illustrationen von
Barbara Gerlach

Barbara Gerlach ist Heilerziehungspflegerin, Sozialpädagogin, Illustratorin, Slam Poetin und professionelle Katzen-Streichlerin. Beim Schreiben und Malen beschäftigt sie sich oft mit der Frage nach sozialer Gerechtigkeit und versucht, verschiedene Blickwinkel einzunehmen. Ihre überschüssige Energie lässt sie beim Tischfußball in der Damenbundesliga heraus.

Inhalt

Mehr unter: www.elias-raatz.de

Vorwort: Hanf aufs Herz
Von Elias Raatz

Herzlich willkommen zu einer besonderen literarischen Reise. Mit „Hanf aufs Herz" nehmen wir Sie mit in die faszinierende, oft geheimnisvolle und manchmal beängstigende Welt der Drogen.

Lassen Sie sich nicht täuschen, dieses Buch ist mehr als nur eine Aneinanderreihung von Rauscherlebnissen und lässt die Grenzen zwischen Realität und Fantasie in Rauchschwaden verschwinden. Legen Sie Ihre Klischees beiseite und nehmen Sie die Einladung an, uns durch die Höhen und Tiefen eines Trips zu begleiten, den Sie so schnell nicht wieder vergessen werden.

Erleben Sie facettenreiche Texte rund um legale über halblegale bis hin zu illegalen Drogen sowie ihren Bann aus Abgründen und Abenteuern. Einige der renommiertesten Poetry Slammer*innen des deutschsprachigen Raums haben für unser Buch bewusst Distanz zu Tabus und Vorurteilen genommen, um das Thema Drogen in all seiner Ambivalenz und Tiefe anzugehen.

Die einzelnen Geschichten, Gedichte und Gedanken unserer Autor*innen bewegen sich irgendwo zwischen blauäugigem Konsum und kritischer Auseinandersetzung. Zwischen dem Bestätigen und

Hinterfragen von Vorurteilen. Zwischen Denkanstöße liefern und Gehirnzellen verbrennen. Zwischen Psilocybin-Regenbogenfilter und K-Hole. Zwischen humorvoll und poetisch. Zwischen nachdenklich stimmend und provokativ aufbrausend. Zwischen Verherrlichen und Verteufeln. Zwischen Rave und Serotoninsyndrom. Zwischen Wahn und Sinn. Aber das ist alles subjektiv.

Legen Sie gleich los und gönnen Sie sich mit dem weiteren Inhalt dieses Buches einen literarischen Kick – 100 Prozent legal und ohne Rezept! Freuen Sie sich auf Lyrik und Prosa wie einen Cocktail: bunt gemischt, mal süß, mal bitter, aber immer mit Schuss. Oft lustig, manchmal nachdenklich und gerne kritisch soll dieser Sammelband bewusstseinserweiternde Bilder im Kopf erzeugen – sogar ganz ohne Substanzkonsum und Nebenwirkungen.

Aber Vorsicht: Bereits einmaliges Lesen kann süchtig machen und Ihr Leben vielleicht mehr verändern als Ihr letzter LSD-Trip.

Steigen Sie auf zu einem bunten Ritt durch ein Labyrinth voller Körper auf der Afterhour, bei dem am Ende mehr bleibt als nur ein Kater.

Ich wünsche Ihnen viel Freude beim Lesen und gute Unterhaltung. Bleiben Sie glücklich!

Ihr Elias Raatz

Missbrauchst du noch die Substanzen oder missbrauchen sie schon dich?

Der regelmäßige Konsum von Drogen schadet dir und den Menschen in deiner Umgebung.

Hier findest du anonyme Beratung:
Rauchen: www.rauchfrei-info.de
Alkohol: www.anonyme-alkoholiker.de
Sonstige Substanzen: www.drugcom.de
Sucht & Drogen-Hotline: 01806 / 313 031
Sorgentelefon für Angehörige: 06062 / 607 67

Empfehlung: *eve&rave*
Das Schweizer Drogenforum für risikobewussten und selbstverantwortlichen Umgang mit Drogen:
www.eve-rave.ch

Markus Becherer

Der zweimalige rheinland-pfälzische Poetry Slam-Meister steht seit über einer Dekade im Rampenlicht. Mittlerweile gehört er zu den alten (Gr) eisen der Szene. Markus Becherer stößt mit seiner mitreißend-wertschätzenden Art sowie einer Mischung aus flachen Witzen bis zu investigatiefsinnigen Texten neue Gedanken an und alte Grenzen um.

Bis zu seinem 26. Lebensjahr hat er kaum „bewusstseinserheiternde" Drogen konsumiert. In den letzten Jahren ist er allerdings auf den Geschmack gekommen – rein aus Recherchezwecken. Sein Humor ist lieblich bis trocken. Seine Wortspiele prickelnd berauschend. Na dann, Prost!

Mehr unter: www.markusbecherer.de

Konferenz der Partytiere
Von Markus Becherer

Radiosprecher (Studio):

Meine Damen und Herren an den Rundfunkempfängern, willkommen bei unserer heutigen Live-Konferenz-Schaltung der wöchentlichen Großraum-Partie des SV Waldbimmelbach.

Der Alkoholpegel ist mittlerweile hoch und es verspricht spannend zu werden, also halten Sie die Luft an, aber vergessen Sie das Atmen nicht. In diesem Sinne direkt zu dir, Rolf, wie sieht es im großen Saal bei der „Hip-Hop meets Electro"-Partie aus?

Rolf (Hip-Hop meets Electro):

Auf der Tanzfläche kam es bereits zu ersten Annäherungsversuchen. Die Nummer „24 Jahre alt" hat sich vor wenigen Minuten mit einem schönen Side-Moonwalk an eine Gegenspielerin herangezogen. Sie ließ ihn kommen und jetzt bearbeiten sich beide mit hartem Körpereinsatz und ja, ja, jaaa, da ist der erste Kuss des Abends, meine Damen und Herren zu Hause an den Radiogeräten! Aber was ist das denn? Der Angreifer wollte schon fast an der Sektfahne jubeln, doch da kommt die beste Freundin seiner Gegenspielerin von der Toilette zurück, tippt ihr beherzt auf die Schulter und er wird ins Abseits gedrängt! Das war von beiden fein herausgearbeitet, aber die Zunge muss mindestens hinter die Lippen. Bei seinen Freunden wird der Videoassistent befragt, denn Jan hat die ganze Zeit mitgefilmt. Und nein… Klare Entscheidung, aber es tut sich was auf der Tanzfläche. Wir dürfen gespannt sein. Wie sieht's bei dir an der Bar aus, Ingo?

Ingo (Bar):

Hier sitzt Mario heute schon in der Startelf, gerade in einen entscheidenden Zweikampf seines Magens und seiner Mundhöhle verwickelt, spielt er Doppelpass mit sich selber! Da wäre er fast schon durch den nach vorne preschenden sechsten Captain Cola bestraft worden, aber Mario beißt die Zähne zusammen und entschärft die Situation. Damit gebe ich rüber zu Hans in den kleinen Saal.

Hans (Schlagerraum):

Danke dir, Ingo. Hier sehen wir Line-Dancing bei der Schlager-Party, eine wunderbar harmonische Einheit auf der Tanzfläche. Sehr stark, wie die lokale Jugendarbeit der Tanzschule diesen Verbund geformt hat. Wobei Roberta, der Sommertransfer, noch nicht einhundertprozentig in den Song findet und dabei wie ein Fremdkörper im Kader wirkt. Mit dieser Beobachtung gebe ich an dich ab, Steffi: Was passiert auf der Damentoilette?

Steffi (Damentoilette):

Am großen Spiegel wird, bevor die Partie überhaupt richtig begonnen hat, bereits Ergebniskosmetik betrieben. Doch was passiert denn jetzt? Das sieht man nicht alle Tage, da rutscht die Nummer „Gerade 19 geworden" leicht aus und klatscht sich selbst das Puderdöschen ins Gesicht. Ein klassisches Konterfei-Tor! Das kann passieren, darf nicht passieren, aber muss ab und zu passieren… Ingo, was gibt es Neues an der Bar?

Ingo (Bar):

Hier macht Mario munter Meter, beeindruckend, aber bisher unspekta-

Hans (Schlagerraum):

Zungenkuss im Schlagerraum!

Ingo (Bar):

Oha, dann direkt in den kleinen Saal zu Hans.

Hans (Schlagerraum):

Zungenkuss im Schlagerraum! Da haben sich die beiden Betrunkensten auf der Tanzfläche gefunden und stecken sich die Zungen in den Hals. Das kam aus dem Nichts, war nicht schön vorbereitet, aber irgendwie haben sie das Spielgerät zwischen die Backen der anderen Person gestochert. Keine große Kunst an diesem Abend im kleinen Saal, aber mehr haben wir auch nicht erwartet. Jetzt werden noch die Mandeln kontrolliert und auf der anderen Seite gleichzeitig die Nasenhaare mit der Zungenspitze gekitzelt. Mmmh, das muss echt nicht sein! Selbst die Fans der notgeilen Stoßstürmer drehen sich weg…

Rolf (Hip-Hop meets Electro):
Dramatische Szenen im großen Saal.

Hans (Schlagerraum):
Dann rüber zu dir, Rolf.

Rolf (Hip-Hop meets Electro):
Ja, hier bandeln die beiden aus der Anfangsszene noch einmal an! Jetzt ist volle Konzentration nach vorne gefragt, aber im Gegensatz zu den Vollstreckenden der anderen Partien fehlt die letzte Entschlossenheit! Doch was macht Jan da?

Aus dem Hintergrund müsste Jan grabschen… Jan grabscht! OHR- OHR- OHR-feige! Sensationell! Sie macht eine grazile Körperdrehung, nimmt den Schwung mit und zieht ab! Da geht er auf die Knie, eine wunderschöne Szene! Damit ist auch dieses Spiel entschieden. Das hatte definitiv das Zeug zur Backpfeife des Monats! Aber ich höre gerade: Oralverkehr auf dem Damenklo! Dann schnell zu dir rüber, Steffi.

Steffi (Damentoilette):

Das war richtig sauber gespielt, im Rücken der sonst so wachsamen besten Freundinnen haben sich die bis dahin vollkommen unauffälligen „FC Andi Bälle" und „Kathrin Feuchte VC" auf die Toilette geschlichen und sind dann sofort in der Kabine verschwunden, ohne auch nur eine einzige Karte zu sehen. Nach anfänglichen, kleinen Problemen mit dem eng geschnürten Verbund der Hose haben sie in den Rhythmus gefunden. Frei nach dem Motto „Mailand oder Madrid, Hauptsache Genitalien". Doch erst nochmal an die Bar zu dir, Ingo.

Ingo (Bar):

Im Strafraum trinkt Mario inzwischen alles kreuz und quer, da hat der Schiedsrichter seine gute Linie verloren. Wir sind mittlerweile in der Verlängerung bei Weinschorle gelandet und hier, die nächste Schorle kommt an. Mach ihn, mach ihn... Er macht iiiiiihn! Da muss Mario kotzen! Im hohen

Bogen in den Spülkasten, vorbei am Goal-, ähm Barkeeper, der nur chancenlos zuschauen kann. Ein Wahnsinnsding in der Verlängerung! Und während die Mitspieler… ich meine, die Securities angerannt kommen, gebe ich nochmal rüber zur Schlagerparty: Hans, was gibt's Neues?

Hans (Schlagerraum):

Auch hier wird es in der Schlussphase erneut spannend! Der DJ gibt nochmal alles, es läuft „Time of my Life" und die betrunkenen Edelzungentechniker setzen allen Ernstes zur Hebefigur an. Die Hereingabe läuft etwas schief – Uhhh, Wahnsinn! Erst im Fallen der Rückzieher, wie aus einem Technik-Lehrvideo und dabei landen sie auf der mitgerissenen Roberta, welche sich immer noch an der taktischen Ausrichtung des Line-Dancings versucht. Doch keine Zeit zum Durchschnaufen, da ertönt das Pur-Medley, alle fallen sich schwalbenartig singend in die Arme: „Ich hab mich wieder mal an dir betrunken". Das ist Schlager-Party auf Weltklasse-Niveau! Und jetzt nochmal rüber zur Damentoilette.

Steffi (Damentoilette):

Ja, trotz des fortgeschrittenen Alkoholpegels bewegen wir uns an der Grenze zum Genuss, den beiden hier zuzusehen, da zeigt sich ganz klar die Routine und sie macht das ja auch mit Köpfchen. Eine wahre Koryphäe an den runden Bällen, ich gebe dem Spiel keine 90 Sekunden mehr… Neiiiiin! Das darf doch nicht wahr sein… Da bleibt sie mit der Zahnspange in der Schambehaarung hängen… das ist übel, er stößt sie weg, sie knallt erst mit dem Hinterkopf gegen die Kabinentür, dann nach vorne mit dem Kinn gegen die Kloschüssel und bleibt anschließend neben dem Klo liegen. So sollte Kurzpassspiel nicht aussehen. Er sinkt ebenfalls zu Boden, das ist übel… Das wird ein Nachspiel haben! Und damit gebe ich zurück ins Studio.

Radiosprecher (Studio):
Danke dir, Steffi. Was sind das für Wahnsinnsszenen hier in den Schlussminuten dieser Begegnungen des SV Waldbimmelbach? Und da geht auch schon das Licht an. Aus, aus, die Partie ist aus und vorbei! Die DJs spielen ihre letzten Rausschmeißer-Tracks, Eltern werden von ihren Kindern abgeholt und ein paar Besoffene grölen noch: „Leeena, du hast es oft nicht leicht!“

Schalten Sie auch nächste Woche wieder ein, wenn die Spieler und Spielerinnen erneut an ihre Leistungen anknüpfen, die sie heute schon nicht ausgezeichnet haben.

In diesem Sinne, einen verkaterten Sonntag.

Michael Jakob

Michael Jakob wurde 1978 in Ansbach geboren und ist freischaffender Künstler, Redner sowie Moderator. Seit 1998 steht er auf der Bühne und brachte seitdem von Kabarett, Theater, Improvisationstheater bis zu Performance-Poesie unzählige Bühnenprogramme zur Aufführung. Daneben entwickelte er verschiedene Veranstaltungsformate und etablierte in Mittel- und Oberfranken zahlreiche Veranstaltungsreihen, die seit vielen Jahren erfolgreich bestehen. Sein kulturelles Schaffen brachte Michael Jakob bereits mehrere Auszeichnungen ein. 2021 veröffentlichte er mit der Novelle „KERWA BLUES" sein achtes Buch.

Mehr unter: www.michaeljakob.de

Aufmachen, Polizei!
Von Michael Jakob

Es klingelt. „Erwartest du jemanden?", fragt Martin. „Nö", sage ich. „Ich auch nicht", ergänzt Martin. Also bleiben wir sitzen und gehen weiterhin angestrengt unserer momentanen Tätigkeit nach: dem Nichtstun. Okay, wir machen gar nicht nichts, wir kiffen. Aber ansonsten machen wir nichts. Es klingelt noch einmal.

„Gehst du?", fragt Martin.

„Nö, geh du", sage ich.

„Aber ich hab zuerst gefragt", argumentiert Martin. „Du hast aber nicht Shotgun gesagt", halte ich dagegen. „Hm, Argument", murmelt Martin. „Du aber auch nicht."

„Stimmt", sage ich. Nach einer kurzen Pause fragt Martin, ob es beim Türöffnen überhaupt die Shotgun-Regelung gäbe. Ich antworte ihm, dass ich das nicht wisse und dass es mir gerade so geht, wie einem Analverkehr habendem Pärchen beim Coitus interruptus. „Hä?", fragt Martin.

„Na, am Arsch vorbei!", sage ich. Wir einigen uns darauf, dass die Shotgun-Regel ab sofort auch beim Türöffnen gilt. Es klopft energisch an der Tür.

„Hast du vielleicht Pizza bestellt?", frage ich. Martin meint, dass er das nicht mehr so genau wisse, dazu sei er viel zu bekifft, glaube aber, dass er in seinem Zustand es nicht geschafft hätte, eine Pizza zu bestellen. Ich entgegne, dass wir doch dafür extra ein altes Handy haben, in dem nur die Nummer des Pizzaservice eingespeichert sei.

„Stimmt", sagt Martin, „wo ist das eigentlich?"

Ich hebe das Sofakissen hoch, darunter befindet sich das Handy, der Pizzaprospekt und ein Pizzanotgroschen in Höhe von 50 Euro.

„Okay, also aufgeräumt, gut", nickt Martin zufrieden. Es klingelt erneut, direkt danach klopft es ein weiteres Mal energisch, zusätzlich ertönt eine laute Stimme: „Aufmachen, Polizei!"

„Da will uns jemand verarschen", grinst Martin, mir gefriert schlagartig das Blut in den Adern.

„Was, wenn es wirklich die Bullen sind?"

„Das wäre doof", sagt Martin. „Wir haben Gras für 30.000 Euro im Haus und aktuell um die 200.000 Euro Bargeld." Er grinst immer noch.

„Schau nach!", bitte ich ihn.

„Schau selber!", antwortet Martin.

„Shotgun", sage ich.

„Scheiße", sagt Martin und erhebt sich mühevoll. Als er bei der Tür ankommt und einen Blick durch das Guckloch tätigt, dreht er sich kreidebleich um und flüstert mir zu: „Scheiße, es sind wirklich die Bullen!"

Mir fällt vor Schreck der Joint aus dem Mundwinkel und ich verfalle in Panik. Zum Glück bin ich hoffnungslos bekifft, sodass sich die Angst lediglich dadurch äußert, dass meine Augen ein paar Millimeter weiter aufgehen. Eine höchst prekäre Situation. Martin und ich haben vor drei Jahren angefangen, ein bisschen Gras anzubauen, zuerst für den Eigenbedarf, später um unser Studium zu finanzieren. Bis wir dann festgestellt haben, dass wir mit dem Anbau von Hanf mehr Geld verdienen können als mit einem unterdurchschnittlichen Jura-Studium, sodass wir die Uni geschmissen und uns dem professionellen Anbau und der Vermarktung von Cannabis gewidmet hatten. Mittlerweile haben wir eine Sechs-Zimmer-Wohnung, wovon vier Zimmer mit Gasdampflampen und Luftfilteranlagen ausgestattet sind. Abzüglich der Miete und der relativ gigantischen Stromrechnung kommen wir beide auf ein annehmbares Netto-Jahresgehalt und können außerdem den ganzen Tag gratis kiffen. Ein sorgenloses Leben. Bis jetzt!

„Sag, dass wir nicht da sind!", rufe ich ihm flüsternd zu und mein THC-geschwängertes Gehirn hält das in diesem Moment für eine geniale und zudem logische Ausrede. Martins Gehirn leider auch und so gibt er durch die Tür lautstark weiter, dass niemand da sei. Er merkt wohl im gleichen Atemzug, dass das ein bisschen dämlich war.

„Herr Jakob, Herr Geier, wir wissen, dass Sie da drin sind und wir haben einen Durchsuchungsbefehl, wir sind somit befugt, die Tür aufzubrechen!"

Ich kippe mir gerade den zweiten Energydrink am Stück hinter die Binde, in der Hoffnung irgendwie einen klaren Kopf zu bekommen. Martin ist nun auch in Panik. Er kommt aus einem konservativen Elternhaus. Wenn sein beruflicher Werdegang auffliegt und zudem herauskommt, dass das Jura-Studium, für das sein Vater immer noch jeden Monat 500 Euro überweist, längst ad acta gelegt ist, dann wird sein Vater so lange kämpfen, bis in Deutschland die Todesstrafe wieder eingeführt wird und sein Sohn als erster in den Genuss des neuen Strafrechts kommt. Seine Mutter wird sich wohl etwas noch Grausameres einfallen lassen.

Ich sehe, dass Martin sich bis auf die Boxershorts ausgezogen und die Tür einen Spalt weit geöffnet hat, sodass die Sicherheitskette greift und die Bullen ihn sehen können.

„Tschuldigung, ich hab gerade nichts an, was gibt es denn?", fragt er durch den Türspalt hindurch. „Brillante Idee", denke ich und ziehe mich auch aus, um nebenbei zu rufen: „Schatz, kommst du wieder ins Bett?" Meine Hoffnung ist, dass die Uniformierten sich diskret zurückziehen, um ein anderes Mal zu kommen.

„Dann ziehen Sie sich bitte etwas an, wir müssen Ihre Wohnung durchsuchen!", sagt der Beamte.

„Okay, einen Moment bitte", sagt Martin und schließt die Tür wieder. Ich stehe mittlerweile neben ihm und schaue ihn erwartungsvoll an. Martin schaut an mir herunter. „Wieso bist du jetzt nackt?“, fragt er mich.

„Weiß nicht, aus Solidarität?“, antworte ich schulterzuckend.

„Und wieso hast du eine Erektion?“

„Weiß nicht, vielleicht macht mich Gefahr ja an! Und jetzt hör auf so blöde Fragen zu stellen und lass dir etwas einfallen!“

„Wieso ich?“, ruft er empört.

„Shotgun!“, sage ich.

„Scheiße“, sagt Martin. Er zieht sich an und ruft dabei in Richtung Tür, dass er gleich so weit sei, mir flüstert er zu: „Los, pack das Geld und die fertigen Gras-Päckchen ein, wir hauen durchs Fenster ab!“

Ich tue eilig wie mir befohlen, ich packe die Geldbündel und mehrere Kilopakete getrocknetes Gras in zwei Rucksäcke. Martin ist angezogen und öffnet die Tür wieder einen Spalt, die Sicherheitskette ist noch eingehakt.

„Sind Sie auch echte Bu- äh, Polizisten?“, fragt er durch den Spalt und bittet um die Auswiese.

Die Beamten ziehen ihre Ausweise hervor und zeigen sie Martin, der sie in Augenschein nimmt, um sie zu prüfen. Mal abgesehen davon, dass Martin keine Ahnung hat, wie echte Polizeiausweise aussehen, ist das eine geniale Idee, um Zeit zu schinden. Ich bin fast fertig mit packen, da sehe ich, dass der Teppich vor dem Sofa Feuer gefangen hat. Muss wohl der Joint verursacht haben, der mir vorhin aus dem Mundwinkel gefallen ist. Geistesgegenwärtig versuche ich ihn auszutreten, dummerweise werden dadurch die Funken verteilt und auch die ungefähr 150 leeren Pizzaschachteln fangen Feuer. Ich versuche, mit dem Wasser der umher stehenden Bongs das Feuer einzudämmen, aber ohne Erfolg. Die Flammen züngeln mittlerweile im halben Zimmer gen Decke.

Von der Tür her höre ich Martin fragen, wegen was die Polizisten denn hier seien, welche souverän damit antworten, es gäbe den dringenden Verdacht, dass wir Marihuana anbauen würden. Martin lacht gekünstelt und fragt, wie man auf so eine törichte Idee kommen könne, dass zwei unschuldige Staatsbürger Drogen anbauen würden.

Daraufhin beginnen die Uniformierten aufzuzählen, dass wir Stromkosten in einer Höhe haben, die sich exmatrikulierte Studenten, die keinerlei Arbeitsverhältnis aufzuweisen haben, nicht leisten können. Ganz zu schweigen von der 130 m²-Wohnung und den auf die Namen Geier und Jakob gemeldeten Porsche 911 und Audi TT.

„Hm, Argument", sagt Martin. „Und ein Gewinn beim Pferderennen kommt dafür nicht infrage?"

„Herr Geier, wir brauchen jetzt nicht diskutieren, wir haben einen Durchsuchungsbefehl und mit einem Gewinn beim Glücksspiel kauft man sich normalerweise keine Gasdampflampen für 4.000 Euro mit seiner Kreditkarte, um fortan eine Stromrechnung von 1.200 Euro im Monat zu haben. Außerdem haben wir in Ihrer Biotonne immense Reste von Hanfpflanzen gefunden", sagt der eine Polizist rüde. Ich kämpfe immer noch vergeblich mit der Feuersbrunst, mittlerweile greifen die Flammen auf das erste Plantagenzimmer über.

„Okay, Moment", sagt Martin, schließt die Tür, dreht sich in meine Richtung und raunt mich an: „Hast du die Pflanzenreste in die Biotonne geworfen, du Trottel? Verbrennen, hab ich gesagt!"

„Apropos verbrennen", greife ich den Funken auf, aber in dem Moment sieht Martin die lodernde Flammenarmada, die ich versuche, mit einem Sofakissen auszuprügeln.

„Ach du scheiße!", sagt Martin mit weit aufgerissenen Augen. „Los, weg hier!"

Wir ziehen uns die Rucksäcke über und klettern aus dem Fenster, zum Glück wohnen wir im ersten Stock und werden den Sprung auf den Rasen wohl überleben. Wir lassen uns mit den Fingern am Fensterbrett nach unten, um mit den Füßen näher am Boden zu sein. Als wir so nebeneinander hängen, stellt Martin fest, dass ich noch immer nackt bin. Im selben Moment dringt ein Schrei aus dem Fenster unter uns. Mein Glied baumelt vor dem Küchenfenster von Frau Schmied, der Hausmeisterin.

Okay, es baumelt nicht, es ist ja immer noch Gefahr. Ich ziehe mich mit einem Klimmzug nach oben, klettere in die Wohnung, die mittlerweile lichterloh in Flammen steht, um mir schleunigst meine Hose und ein T-Shirt überzustreifen, hm, es duftet gut hier drin, ich atme einmal tief ein und bin schlagartig wieder bekifft. Die brennende Plantage hat die Luft mit einem THC-Gehalt jenseits von Gut und Böse angereichert.

Im selben Moment, als ich anfange, mit meiner Hose zu tanzen, splittert die Tür entzwei. Ein Schäferhund stürmt in die Wohnung und auf mich zu. Nach zwei Atemzügen jagt er allerdings seinem eigenen Schwanz nach. Es sieht aus, als würde er dabei lächeln. Hinter ihm stürmen die beiden Polizisten mit vorgehaltener Waffe herein. Sie sehen mich nackt tanzen, schauen sich an und zwei Atemzüge später machen sie sich auch nackig und jagen ihren eigenen Schwänzen hinterher. Sie lachen dabei lautstark. Schließlich umarmen wir uns alle, singen „If you're going to San Francisco, be sure to wear some flowers in your hair" und tanzen mit unseren nackten Füßen die Flammen aus. Durchgeschwitzt und rußgeschwärzt fallen wir mit unseren dampfenden Körpern in der dampfenden Wohnung übereinander her und machen freie Liebe. Die 65-jährige Frau Schmied, die mittlerweile auch in der Wohnung angelangt ist, ist munter dabei! Während wir eifrig die Stellungen wechseln, lassen wir nebenbei den

Schäferhund Haschischpfeifen apportieren. Ich erinnere mich noch, dass Martin mit einem Stück Stoff vor dem Mund und der Nase irgendwann durch die zersplitterte Tür hereinkam, mich fest packte und herauszerrte.

Als ich nach einiger Zeit (Martin sagt, es waren 16 Stunden) auf dem Beifahrersitz des Porsches erwachte, waren wir irgendwo im osteuropäischen Ausland. Wir haben hier politisches Asyl bekommen, weil Martin den Beamten irgendetwas von staatlicher Gewalt gegen mich erzählte und als Beweis ein Handyvideo, das mich und zwei Polizisten, die außer ihren Dienstmützen nichts tragen, zeigt. Mir zeigt er es nicht und auf die Frage, warum ich seit ein paar Tagen Schmerzen beim Kacken hätte, antwortet er mir nur, dass ich nicht wissen wolle, was man mit einem Schlagstock alles anstellen könne. Es stimmt: Ich will es nicht wissen. Unwissenheit ist eine der schönsten Gaben, die uns die Evolution mit auf den Weg gegeben hat.

Wir können aufgrund unserer Ersparnisse und der hohen Kaufkraft des Euros hier ganz gut leben und haben beschlossen, erst wieder nach Deutschland zurückzukehren, wenn Gras über die Sache gewachsen und Cannabis endlich legalisiert ist. Bis dahin investieren wir am Aktienmarkt in deutsche Rüstungsunternehmen, denn das ist ja schon legal.

Thomas Schmidt

Seit er seinen Kindern nicht mehr vorlesen muss, tut dies Thomas Schmidt auf Bühnen. 2011 verirrte er sich aufgrund einer verlorenen Wette zu einem Poetry Slam und steht seitdem bei solchen und anderen Kleinkunstveranstaltungen zwischen Berlin und Salzburg am Mikrofon herum, meist jedoch in Süddeutschland. Der fränkische Slam-Meister 2016 qualifizierte sich 2023 bereits zum fünften Mal für die deutschsprachigen Meisterschaften.

Die meisten seiner Texte sind in Prosa verfasstes Storytelling, der Text in dieser Anthologie ist eines seiner eher selteneren Gedichte. Allgemein mag er gute Bücher (wie dieses) und Pfefferminztee.

Mehr unter: @thomas_schmidt_fast_jung (Instagram)

Gedichtjunkie
Von Thomas Schmidt

Manchmal geht's dir schlecht
und du bist deprimiert
Du hast nicht die geringste Ahnung,
wie das Leben funktioniert
Fühlst dich vom Dasein und vom Schicksal
permanent gedisst
Denkst, dass der Soundtrack deines Lebens
ein Tim Bendzko-Schlager ist

Das ist scheiße. Aber es geht noch schlimmer.
Hier eine kleine Liste von Dingen, die dir wirklich
den Tag versauen können:

Wenn du drei Wochen Urlaub machst
und kein Mensch hat dich vermisst
Deine Freundin deinen Vornamen
in schöner Regelmäßigkeit vergisst
Wenn deine Witze schlechter sind
als die von Mario Barth
Und deine Wohnung kleiner
als der Kofferraum vom Smart

Wenn deine Freunde sagen:
„Alter, geh heute doch mal aus!"
Und dann 'ne wilde Party feiern
– und zwar in deinem Haus!

Wenn du von geilem Fußball träumst
und dabei vergisst
Dass der Club deines Herzens
der 1. FC Nürnberg ist

Wenn das Entenfüttern sonntags
ein Anlass ist zum Grämen
Weil sich die Tiere weigern,
von dir Brot zu nehmen
Wenn du nicht aufhörst,
deine Mutter nach deinem Erzeuger auszufragen
Bis dein Onkel freundlich meint:
„Hey, du kannst auch Papa zu mir sagen!“

Wenn dein Hund auch mit zwölf
voll Wonne dir aufs Laken scheißt
Oder dein Vater, das wär wirklich krass,
Alexander Gauland heißt
Dann, mein Freund, ja dann,
hast du die Arschkarte gezogen
Da kann dir nichts mehr helfen
– außer vielleicht Drogen

Denn mir ging's früher ganz genauso,
doch das ist jetzt vorbei
Seitdem ich Hardcore-Drogen nehm',
bin ich andauernd high
Ich kann sagen, dass sich seitdem
mein Leben wieder lohnt

Soweit ich das noch mitkrieg',
denn ich bin ja ständig stoned

Gestern zum Beispiel:
Ich war so guten Stoff echt nicht mehr gewöhnt
Hatte mich mit geilen Sachen
von meinem Dealer zugedröhnt
Eine Welt aus 1000 Farben,
die Luft, sie oszillierte
Ich merkte, wie ich abhob
und voll krass halluzinierte

Ich war so glücklich,
die Welt, sie wurde immer bunter
Der Trip, er war so gut, ich wollte nie mehr runter
Doch bald drauf ließ die Wirkung nach
und ich war auf Entzug
Ich krieg' von meinen Drogen
halt einfach nie genug

Doch wenn ich früher so auf Turkey war,
da war ich übel drauf
Doch das ist heute anders,
denn wenn ich heute Drogen kauf
Nehm' ich jede Menge Vorrat mit,
den ich dann verstecke
Und zwar in meinem Bücherschrank,
in einer dunklen Ecke

Denn meine Drogen sind Gedichte,
geile Lyrik, Poesie
Ein gelung'ner Reim ist für mich wie pures Ecstasy
Sonette, Haikus, Elfchen – es ist völlig einerlei
Zwei drei gute Zeilen und schon bin ich high

Ja, Gedichte sind der Weg,
vor der Realität zu flieh'n
Ich steh' voll auf Poesie: Ich werd' nie wieder clean
Ich les' sie leise oder laut,
um ihrem Klang zu lauschen
Kann mich an Daktylus und Jambus
ständig hart berauschen

Als Einstiegsdroge,
da ist Shakespeare mehr als nur berüchtigt
Ein „*Shall I compare thee to a summer's day*"
– und schon bist du süchtig
Ja, Trakl, Benn und Rilke, Else Lasker-Schüler
Da gibt's guten Stoff! Das sind meine Dealer!

Und wenn Goethe schreibt:
Bedecke deinen Himmel Zeus mit Wolkendunst!
Hey, da bin ich voll auf Speed, das ist echte Kunst
Doch auch die Franzosen:
Rimbaud, Verlaine, Baudelaire
Ich kann aus Erfahrung sagen:
Die kicken wirklich sehr

Man sieht,
es gibt genügend guten Stoff zur Auswahl
Vielleicht kann ich dich überreden? Wie wär's? Ver-
such's doch auch mal!
Jetzt stell dich nicht so an.
Ja komm, los, nimm das Buch!
Und bald schon,
bald kriegst du davon niemals mehr genug!

Klar:
Du kannst dich auch mit anderen Substanzen
ziemlich gut benebeln
Doch die schaffen letztlich nur,
dein Hirn zu fesseln und zu knebeln
Und klar, du kannst auch kiffen,
oder lass mit Alkohol die Sau raus
Doch im Gegensatz zu Lyrik
siehst du damit selten wirklich schlau aus

Drum:
Wenn du down bist und du denkst,
das Glück hat dich betrogen
Dann geh in eine Bücherei
und besorg dir einfach Drogen!
Denn hast du Sorgen
oder vielleicht Angst vor dem Alleinsein
Dann nimm dir doch ein Buch
und zieh dir mal 'ne Line rein.

Pauline Prigge

Die 1998 geborene Pauline Prigge stand 2021 zum ersten Mal auf einer Poetry Slam-Bühne und nahm 2023 an ihrer ersten Landesmeisterschaft teil, bei der sie es auch prompt ins Finale schaffte.

Die Künstlerin ist bekannt für ihre persönlichen und gesellschaftskritischen Texte, bei denen sie kein Blatt vor den Mund nimmt. Mal spricht sie wütend, mal traurig oder sarkastisch über Sexismus, toxische Beziehungen und andere stigmatisierte Themen. Ihre Texte zeichnen sich durch ihre Ehrlichkeit und Tiefe aus. Sie nimmt das Publikum mit auf eine emotionale Reise, bei der sie auch ihre eigenen Ängste, Zweifel und Hoffnungen offenbart.

Mehr unter: @paulineprgg auf Instagram

Zu Vino sag ich nie No
Von Pauline Prigge

Zu Vino sag ich nie No. Und zu Tequila auch nicht. Oh, und dunkles Bier schmeckt mir ebenso. Fühle ich mich wohl, gibt es einen Aperol und in einer Bar gerne mal einen Pina Colada. Aber natürlich nur am Wochenende. Und das beginnt schon mal am Donnerstag, wenn ich Freitag freihabe. Oder Dienstagabend, denn Mittwoch arbeite ich nicht. Und Urlaub ist ja praktisch auch nur ein langes Wochenende. „Day Drinking" im Sommer ist schon ein Muss, das macht fast jeder, den ich kenne. Da ist erst um 9 Uhr morgens wieder Schluss.

Unsere ganze Gesellschaft überspielt ungesundes Trinkverhalten doch schon seit Beginn mit Witzen, zitieren gerne Harald Juhnke mit seiner Definition von Glück: „Keine Termine und leicht einen sitzen." So schlimm kann das dann ja gar nicht sein, ich möchte mich einfach nicht einschränken, deswegen lass' ich mir lieber noch einen einschenken. Und genieße das Leben. Irgendwo zwischen Fallen und Schweben, nichts schaffen und es krachen lassen, vor der Schüssel hängen und hoch die Tassen, Existenzlosigkeit und Ekstase, schwankend laufen anstatt gerade und trotzdem immer wieder den Weg nachhause finden, beziehungsweise auf irgendein Sofa, alles andere als bequem.

Irgendwo zwischen brummenden Schädeln und Ibuprofen und sich für Taten im Suff schämen. Wie zum Beispiel: Dem oder der Ex schreiben. Sich im Ton vergreifen. Grenzen von Mitmenschen überschreiten. Sich im öffentlichen Raum übergeben müssen. Menschen, mit denen es kompliziert ist, küssen. Mit Fremden nachhause gehen. Die eigenen Grenzen übersehen. Die Liste ist lang und wird mit jedem Schluck länger, der Platz zwischen mir und dem moralisch Vertretbaren enger.

Und dann kommt sie. Die Alkoholpause. Wo das Wort Pause eine große Rolle spielt, denn Pausen sind nicht von Dauer, doch wäre ganz Aufhören wahrscheinlich schlauer. Alle paar Monate kommt abrupt der Wunsch auf, das Trinken sein zu lassen, nach etlichen Morgen, beziehungsweise Tagen danach, während ich im Badezimmer festsaß und wichtige Termine vergaß. Ich widerte mich an, so verkatert und vormittags immer noch stramm ging der Tag und das Leben einfach nicht voran.

Also ließ ich es sein. Ich hielt den inneren Schweinehund ganz klein, Wochen, sogar Monate ziehen vorbei, alles lief ganz wunderbar bis… Neujahr. Dass es spätestens dann vorbei sein würde, war ja fast klar. Natürlich blieb es auch nicht dabei, denn jetzt habe ich es ja eh schon versaut, die Pause ist vorbei. Doch nicht nur mir geht es so. Meine ganzen Freund*innen wechseln sich regelmäßig mit dem

Vorsatz gar nicht oder nur noch am Wochenende zu trinken ab und machen nach überschaubarer Zeit schlapp.

Jetzt kommt die Frage auf: Wieso sich mit demselben Willen nicht gegenseitig motivieren? Hm, ja gute Frage, wahrscheinlich überwiegt dann doch die Angst, hemmungslose Partynächte zu riskieren. Wir drehen uns im Kreis. Verkatert an einem Mittwoch, Gewissensbisse am Sonntag, immer derselbe Scheiß. Springen vom Kater- zum Konterbier, eine durchzechte Nacht da, Afterhour hier. Niemals nein sagen, etwas zu verpassen, kann man nicht wagen. Wir sind dumm. Doch nehmt uns das nicht krumm, wir sind doch noch so jung. Fehler sind doch auch nur Erfahrungen, aus ihnen lernt man doch fürs Leben, aber wo ist der Unterschied zwischen Erfahrung und Absturz und wann hat man genug oder sogar zu viel gegeben?

Das ist schwierig zu sagen, in einer Welt, in der wir schon in jungen Jahren das Trinken wagen, werden wir nur belächelt, wenn wir uns am nächsten Tag über Kopfschmerzen beklagen. „Das hast du davon, das gehört dazu", hören wir uns dann an. Lassen uns Geschichten erzählen, von denen wir nichts mehr wissen, überspielen unsere Scham mit Witzen, mit denen wir uns versuchen zu schützen. Das ganze Bett der Mitbewohnerin vollgekotzt zu haben, wird mehr akzeptiert, als zu einem Wein nein zu sagen. Es handelt sich hier nun um eine „lustige Erinnerung", von der man erzählt, wenn man am Anfang des Satzes die Worte wählt: „Weißt du noch damals…?"

Ich frage mich, was passieren muss, damit es nicht mehr lustig ist, anscheinend reicht es noch nicht mal, wenn du bewusstlos bist und ganze Gespräche und Taten vergisst. Niemals würden wir uns selbst oder Menschen aus unserem engeren Kreis Alkoholiker*in oder süchtig nennen, ist es schon normal bis 16 Uhr durchzupennen? Und mein Gott, so ein, zwei Aperol pro Tag sind doch okay, wir genießen nur das Wetter, abends bleibt es endlich wieder hell. Ja, wenn man will, findet man Ausreden schnell. Das? Das ist nur mein tägliches Feierabendbier. Ein Bier ist schließlich kein Bier und dass ich ohne nicht mehr schlafen kann, interessiert nicht hier und geht auch niemanden was an.

Aber verstehe ich das richtig? Du kiffst? Ähm, du weißt schon, dass das illegal ist? Und außerdem total ungesund. Also für mich gibt es da ja gar keinen Grund, der dafürspricht, außer wenn du halt so ein Hippie bist. Ist ja typisch. Die Jugend. Ich halt ja nichts von dem Konsumieren illegaler Substanzen und ja, für mich ist da ein Unterschied zu den alten Männern, die auf dem Schützenfest nach einer Flasche Korn die Töchter ihrer Freunde antanzen.

Die haben nur ihren Spaß und rauchen sicherlich kein Gras. Ich möchte nicht wissen, wie viele Gehirnzellen du deswegen schon verloren hast durch das schädliche Zeug, das du paffst. Davon wird man ja auch super schnell abhängig, also kann ich dich eh nicht mehr stoppen. Ich muss jetzt auch los, bin morgen verabredet: zum Frühschoppen.

Uli Höhmann

Uli Höhmann ist Spätberufener: 1973 geboren, aber erst seit 2020 steht er mit seinen Texten auf Poetry Slam-Bühnen. 2023 ist er hessischer Landesmeister geworden. Bei seinen Performances nutzt er besonders gern seine stimmliche Bandbreite und bewegt sich nicht nur zwischen schottisch-gutural und schnöselig-näselnd. Gelernt hat er das beim Radio, für das er seit über 25 Jahren sowohl journalistisch arbeitet, als auch Comedy- und Glossen-Rubriken für diverse Sender schreibt, spricht und produziert. So schließt sich für ihn ein Kreis, stand doch am Anfang seines Studiums der Rhetorik die Frage: Theater oder Radio? Es hat gedauert, aber jetzt ist seine Antwort: beides.

Das Tasting
Von Uli Höhmann

Als ich zum sechsten Mal 39 geworden bin, haben mir meine Freunde ein Whiskytasting geschenkt. „Was soll das?", fragte ich. „Besäufnis mit Bildungsauftrag?"

Meine Freunde wissen genau, dass ich alkoholische Getränke nur in drei Geschmacksrichtungen unterscheiden kann: läuft, ballert, Gesichtslähmung. Der Flyer zum Tasting verspricht, diese Skala erheblich zu erweitern und ich frage mich, ob ich die „erhebliche Erweiterung" jenseits der Gesichtslähmung wirklich erleben möchte.

Es ist Samstagabend und meine Frau und ich betreten das „Whiskyland".

„Broighslach hevvinhg Glenughf mara!" Ein Kolloss im Karoröckchen begrüßt uns guttural und sortiert dabei sein Gehänge – das *über* dem Röckchen. Ich ahne ja nicht, was der Abend noch bringen wird. Zwischen Flaschenregalen bis an die Decke steht eine schwere Tafel mit Bänken. Gut 30 Leute sitzen schon. Wir quetschen uns dazwischen.

„Schönen guten Abend", fängt ein schmächtiger Schnösel an zu näseln. „Mein Name ist Kevin." *Auch das noch*, denke ich mir. „Und Jamie habt ihr ja schon kennengelernt. Ein echter Schotte, hahaha." Er zeigt auf den Koloss im Röckchen, der auch nicht weiß, was daran witzig sein soll. Sieben Whiskys stehen auf dem Programm. Jamie serviert die erste Runde. „Ein Klinkomarra…“, sage ich.

„KLIN-KOMARR-NGCHA!“

Jamie korrigiert mich und spuckt aus.

„Ja, danke Jamie. Wir wollen nun diesen Whisky mit allen Sinnen erforschen: Wie sieht er aus? Was riechen wir? Wie fühlt er sich an auf der Zunge und zuletzt: Was schmecken wir?“

Die Leute um uns herum heben ihre Gläser, blinzeln, schnüffeln, schnuppern – einer niest – und ich sage zu meiner Frau: „Er hat hören vergessen.“

„Was?“

„Kevin meinte, wir sollen den Whisky mit allen Sinnen genießen, hat aber nichts von hören gesagt.“

Sie blickt nachdenklich in ihr Glas. „Wir sprechen dem Whisky einfach so lange zu, bis er zu uns spricht.“ Sie kippt das Zeug auf ex. Ich tue es ihr nach. Die anderen schauen irritiert.

„Wir riechen Getreide, Malz, sonnenwarmes Stroh“, doziert Kevin, „aber auch Heidekraut mit Noten von Kerzendocht.“

Meine Frau und ich schauen uns an, schauen in unsere leeren Gläser, schauen uns wieder an und heben gleichzeitig die Hand.

„Ähm, Tschuldigung, Kevin, ich glaub, unser Whisky ist kaputt. Also, das war da nicht drin. Das hat nur geschmeckt nach…“

„Alk“, sagt meine Frau.

„Gojndahg Bruich malaghenouiagccccchhhh!“, grunzt es plötzlich hinter uns und ich zische zu meiner Frau: „Tu den Grüffelo nicht reizen!“

Der zerdrückt bedrohlich knurrend unsere leeren Gläser und legt die Scherben auf das Tablett. Die anderen Gäste haben jetzt auch gekostet. Das Perlenkettchen uns gegenüber nippt nur. Sie vertrage nicht so viel, kichert sie albern. Darauf scheint der Grüffelo nur gewartet zu haben. Ein matt schimmernder Glanz von Dankbarkeit umspielt augenblicklich heiter seine Tränensäcke, er nimmt ihr noch fast volles Glas, lässt den Whisky in seine Kehle laufen und gurgelt.

„Da!“, ruft meine Frau freudig. „Jetzt hörst du den Whisky!“

„Ja, ich hab's erkannt: Das war der erste Ton von Mull of Kintyre, nicht?“

Doch da kommt schon das nächste Glas: Ein 15 Jahre alter Groaechs Naehuiloch, zu Deutsch „Des Pflügers Achselsaft“. Akazie, Trockenobst und krosser Seetang. Meine Frau findet, er schmeckt nach Alk.

Es folgen ein Drughnakorran – „DRAKCHNAKUORRA-NA“, verbessert Jamie und spuckt aus – 12 Jahre, Arnika, Glyzerin, veganes Waffenöl; ein Floggnadour Fischfass-Finish – Patschuli, Oloroso, Rinnstein; und ein angeblich legendärer Blend aus Glenfart und Castle Fackjhui mit feinen Noten von Heidehonig, Heu und gepufftem Rohbau über einem Bett von Leder, nassem Hund und maritimem Kabelbrand. Der Legende nach, erzählt Kevin, soll dieser Whisky 1744 zwei englischen Regimentern die Magenschleimhäute vulkanisiert haben, was kriegsentscheidend war.

Spätestens nach dem Baeillkahjura in Fassstärke – Sommerwiese, Wurst, Kondom – können die meisten Kevins Vortrag nicht mehr wirklich folgen, weshalb ihnen entgeht, wieso wir zu dem 25 Jahre alten Broichnadhgaeorn ein daumennagelgroßes Stückchen Roquefort bekommen. Kevin näselt etwas von floraler Explosion, wenn wir den Käse auf der Zunge zergehen ließen, während der Broichnadhgaeorn wie ein Orkan ins Gaumensegel pfeife. Meine Frau legt sich den Käse auf den Handrücken, zieht ihn die Nase hoch und stürzt den Whisky hinterher. Das Perlenkettchen kippt vor Schreck zum ersten Mal ihr ganzes Glas. Nur einen Augenblick später grölt sie drei Oktaven tiefer „Boah, ist mir heiß!“, zerfetzt ihre Bluse, springt mit entblößten Brüsten auf und wirft dabei die Bank um. Die übrigen Gäste machen sich nicht mehr die Mühe, aufzustehen.

„Ghon dju albadjich!“ Der Grüffelo reicht dem Perlenkettchen anerkennend die ganze Flasche und sortiert sein Gehänge – diesmal das unter dem Rock. Doch da wirft sich Kevin dazwischen und versucht sie zu retten – sie, die Flasche mit dem sündhaft teuren Broichnadhgaeorn.

„BROCHNA-GWOAN-CHA!“

Der Grüffelo verbessert seinen Kollegen ein letztes Mal und wirft ihn durch das geschlossene Fenster. Ich will Schlimmeres verhindern, stürze mich nach vorne und kriege ihn gerade noch an seinem Gehänge zu packen – ich weiß nicht mehr genau, welches – auf jeden Fall quiekt es, als hätte ich einen Dudelsack zertreten. Grunzend sackt er zusammen, schafft es vorher allerdings, seine Faust zentral auf meinem Riechkolben zu platzieren.

Ich schmecke: Blut und behaarte Fingerknöchel, aber auch Ehrlichkeit und Nationalstolz. Ich rieche: Frauenhaar und Schweiß, aber auch falsche Perlen mit einem Hauch von FDP. Ich höre: „Komm, lass uns abhauen! Whiskyland ist abgebrannt.“ Meine Frau schnäuzt sich die Roquefort-Reste aus der Nase.

„Ich muss mich noch bei ihm bedanken.“

„Spinnst du?“ Sie zeigt auf die Gäste, röchelnd zwischen zersplitterten Bänken und Flaschen. Darunter regungslos der Grüffelo.

„Ich kann endlich riechen!“, sage ich ergriffen. „Das Leben, die Wahrheit und der ganze Rest jenseits der Gesichtslähmung: Ich. Kann. Es. Schmecken! Komm, wir fangen noch mal ganz von vorne an. Mit dem Klinkomarra.“

„Klin-Komarr-ngcha!“, tönt es matt aus dem Grüffelo. „Auch einen?“ – „Aye.“

Ramon Schmid

Ramon Schmid ist Autor, Schauspieler/Sprecher (M.A.) und Slam Poet. Er arbeitet in der Vermittlung von Sprache, Schauspiel und rhetorischer Kommunikation. Neben seinen Kommunikationstrainings ist er mit einem Theaterstück und einem Spoken Word-Band auch schöpferisch tätig. Die identitätsstiftende Suche nach künstlerischem Ausdruck verbindet er mit seiner persönlichen Entwicklung. In seinen abendfüllenden Shows hat er stets den Anspruch, verschiedene Künste zu vereinen und die Grenzen der Sparten zu sprengen. Dabei verbindet er Text und Ton, fremde und selbstgeschriebene Texte, Theater und Sprechkunst.

Mehr unter: www.ramonschmid.de

Zuckerschock
Von Ramon Schmid

„Tschuldigung, hast du mal Feuer?“
„Nein, sag mal, hast du noch etwas Kokain?“
„Ne, nur noch ’n Knoppers.“
„Okay, besser als nichts.“

Hast du noch was? Irgendwas gegen die Kopfschmerzen? Etwas gegen die Kälte warmer Bahnhofshallen voller Fremder, ein bisschen Farbe gegen das Plattenbaugrau? Hast du noch ’ne Serienempfehlung gegen den Stau der Gedanken? Hast du noch Holz für den Kamin, oder für Planken, um den Grip zu erhöhen? Scheiß Fließen aber auch… Hast du noch Tabak, für den Rauch, damit die Bildschärfe abnimmt? Hast du noch Restgeld für den Spielautomaten? Hast du noch irgendwas am Start? Ich bin ziemlich am Ende. *Überblende.*

„Tschuldigung, hast du mal Feuer?“
„Nein, sag, hast du noch etwas Pep?“
„Ne, nur noch ’n Snickers.“
„Okay, besser als nichts.“

Das war das letzte Piece. Ich hab nichts mehr. Nichts mehr gegen den zu hohen Kontrast, kein Batz, nichts, damit der Kopf nicht platzt. Ich hab nichts mehr um die Lautstärke abzudreh’n, abgeseh'n von Netflix. Fuck, Straight Edge ist wirklich heftig, echt ich… *überblende.*

Es ist Mittwoch, kurz nach 8:00 Uhr. Die Füße gehen wie automatisch gen Küche und drücken apathisch auf den Knopf der Kaffeemaschine. Aus dem Radio schallt Hiphop und übertönt den Tinnitus.

Ein Snickers gibt mir gerade so genug Energie, die Eingangstür aufzustemmen. In der Bahn lese ich die unpassenden Gedichte, welche die SSB als Substitution gegen den Smalltalk bereitstellt. Ein paar Stunden später tropfe ich wie Tau zurück nach Hause, begleitet vom oszillierenden Rauch einer Kippe. Ein Bier löscht den Brand der Neuronen. Netflix löscht mein eigenes Filmskript. Baldrian dient dem Geist als Löschpapier.

Es ist 2:14 Uhr und ich lösche das Licht. Es ist 3:08 Uhr, ich lösche einen veralteten Kontakt aus dem Handy. Es ist 4:26 Uhr, ein Gespräch in WhatsApp löscht alle überflüssigen Silben. „Hey, was geht?" – „Ja, es geht." Es ist 5:01 Uhr, ein Joint löscht alle Silben, die zu wenig waren.

Der Resonanzkörper der Gitarre lässt mich meinen Körper vergessen. Dann schlafe ich. Etwas unruhig, aber ruhig genug, um die Zeit bis zum Morgen restlos zu löschen.

Es brennt. Im Fachwerkhaus schräg gegenüber, am Ende der Straße. Unter den Fingernägeln, die verzweifelt an der Tafel kratzen oder sich in den 12-Monate-clean-Chip krallen, der den Hunger nicht löscht, aber davon ablenkt. Wir entkriminalisieren Drogen. Wir gehen gut im *Berghain* ab auf Ecstasy. Wir erzählen unseren Kindern „Das Zeug macht dich kaputt!" und kaufen selber nur von Freunden. Nicht, dass jemand uns noch Drogen in unsere Drogen mischt. Wir sind so froh, nicht mehr drauf zu sein. Drauf und dran. Ja, ab und an, aber nicht mehr drauf.

Und dann treffen wir uns mit den Löffeln über Kerzen und ritzen Herzen ins Wachs, die nächste Dosis kommt, und streicht die Wogen wieder glatt. Wo fängt der Stoff an und wo hört die Sucht auf?

Am Bahnhofsplatz treffen sie sich. Es riecht nach Bier, Pisse, manchmal nach Gras. *Löschpapier für tote Träume.* In einer WG treffen sie sich, ziehen sich auf der großen Leinwand die zweite Staffel „Bad Banks" rein. *Löschpapier für toten Realismus.* In der Teeküche treffen sie sich. Auf einen Kaffee. Den trinken sie. Und dann trinken sie noch einen. Und noch einen, bis sie so viel Kaffee getrunken haben, dass jeder weitere zum Herzanfall führen würde. *Löschpapier für fehlenden Sinn.*

Im Bad treffen wir uns, ich und mein Alter Ego von Spiegelbild. Ich fühle mich etwas unruhig, mein Alter Ego sieht verbraucht aus.

Ich bin seit drei Tagen Straight Edge, aber wer von uns ist schon wirklich nüchtern?

Klaus Estermann

Klaus Estermann ist ein Wortmensch, seit er sich erinnern kann. Alles begann mit dem Schreiben von Briefen, ob Leserbriefe oder Brieffreundschaften. Mittlerweile reist er als Wandersänger und Wanderprediger durch die Schweiz und das benachbarte Ausland. In erster Linie versteht er sich als Liedermacher, der zwischen den Liedern seine Geschichten erzählt.

2014 nahm er erstmals an Poetry Slams und offenen Bühnen teil. Neben großen Bühnen performt er auch mit Vergnügen auf kleinen Privatanlässen. Seine erste CD erschien 2018 und sein aktuelles Bühnenprogramm heißt „Mehr Wetter für Alle".

Mehr unter: www.klausestermann.ch

Freihandel
Von Klaus Estermann

Ich suchte wieder einmal ein neues Betätigungsfeld. Nach Ausflügen in verschiedenste Berufe kam ich zum Schluss, dass ehrliche Arbeit sich nicht rechnet und der Wohlstand an anderen Orten gedeiht. Doch was tun? Ich war bereit, meine Unschuld aufzugeben und dachte nach.

Zigarettenschmuggel? Zu voluminös, ebenso der Waffenhandel, und Schlepperdienste wegen der vielen involvierten Menschen zu unberechenbar. Als Prostituierter war ich zu alt, und die Zuhälterei war mir zu nervös. Auftragsmorde sind zwar lukrativ, doch dazu bin ich zu feige.

Nach dieser Evaluation blieb nur noch der Drogenhandel übrig. Ich hörte mich ein bisschen um. Gefragt waren vor allem Kokain, gutes Haschisch und LSD.

Wie nutzt man die Prohibition, die einem diese tollen Margen beschert? Bestechung wäre eine Variante. Aber dafür braucht es Kredite, und die bekommt man für so etwas nur von Leuten, mit denen man lieber keinen Umgang pflegt.

Mit einem schönen Stück Haschisch ging ich in Klausur, um nachzudenken. Die Tage rauschten vor sich hin und am siebten Tage hatte ich die umwerfendste Geschäftsidee meines Lebens. Ich reiste zurück in die Stadt und begann, meinen Plan umzusetzen. Bald würde ich in Champagner baden und in Geld schwimmen. Doch der Reihe nach.

Zuerst kaufte ich einen mittelgroßen weißen Lieferwagen, eine Okkasion. In meiner Garage spritzte ich in großen Buchstaben mein Firmenlogo auf Seitenwände, Kühlerhaube und auf die Hecktür. Der Reklametext war gut leserlich und einprägsam: „Kokainimport GmbH".

Ich eröffnete mein Geschäftsleben, indem ich begann, stundenlang durch die Stadt zu fahren. Geladen hatte ich einige Getränkeharassen und frisches Obst, das ich zuverlässig an fingierten Bestelladressen auslieferte.

Der erste Tag verlief wunschgemäß. Ich wurde dreimal angehalten und gründlich durchsucht, beim dritten Mal nahm mich die Polizei mit auf die Wache und fragte mich aus. Gefunden hatten sie rein gar nichts, weder in der Radkappe noch unter den Sitzen. Es war ein Leertransport mit Flaschen und Früchten.

Die Polizisten waren ein bisschen gereizt. Ich musste ihnen immer wieder erklären, ich sei halt ein lustiger Mann, und es bereite mir Spaß, Fantasietexte auf mein Auto zu malen, und das sei ja wohl nicht verboten. Dem konnte die Polizei nichts entgegensetzen.

Am nächsten Tag wurde ich wieder kontrolliert, wenn auch bloß noch zweimal, am Tag darauf ebenso. Ich erzählte das ein bisschen herum, steckte es beiläufig einem Radioreporter und der alarmierte das Privatfernsehen. In kürzester Zeit war ich bekannt geworden wie ein bunter Hund. Am kommenden Tag entdeckte ich auf einer Nebenstraße einen hellblauen Kombi mit der Aufschrift „Haschisch frei Haus, Anruf genügt".

Mein Weizen begann zu blühen, und bereits nach einer Woche war das Straßenbild nicht mehr wiederzuerkennen. Dutzende Autos mit den unmöglichsten Aufschriften fuhren durch die Straßen und die Polizei kam kaum mehr nach mit kontrollieren. Die Fantasie blühte in allen Farben. Nicht nur Drogen-, auch Waffen-, Leihmütter- und Spenderorgantransporter waren unterwegs.

Vergeblich versuchten die Behörden, mich als Unruhestifter festzusetzen. Nach Rückfrage beim internen Rechtsdienst gaben sie auf und ließen mich zähneknirschend wieder gehen. Unterdessen kannte jeder mein Gesicht. Ich wurde in Talkshows eingeladen, verteilte Autogramme und erhielt irgendeinen Heiterkeitspreis vom städtischen

Kulturbeauftragten. Die Stadt war bunt und fröhlich wie noch nie und mein Kokainimportauto wurde von der Polizei bei jeder Kontrolle freundlich und augenzwinkernd durchgewunken.

Nun konnte ich loslegen. Die Zeit war reif, mein Geschäft begann.

Irgendwo in der Provinz holte ich meine erste Ladung und lieferte aus. Von der Polizei hatte ich nun nichts mehr zu befürchten. Mein Aufstieg verlief kometenhaft. In kürzester Zeit kontrollierte ich die ganze Stadt und wurde stinkreich. Die Polizei wusste kaum mehr, welche Fahrzeuge sie denn eigentlich noch kontrollieren sollte und verzweifelte zusehends.

Trotz meines unglaublichen Erfolges blieb ich bescheiden. Ich pfiff auf Champagner und fette Autos und zog mich aus dem Tagesgeschäft zurück. Das viele, viele Geld vergrub ich im Garten meiner Großmutter und tarnte mich als Dichter. Seither tingle ich als Slampoet durch die Lande und erzähle meine Geschichten, die so unglaublich klingen, dass das Publikum glaubt, ich hätte sie erfunden.

Finanziell habe ich ausgesorgt und bin ein rundum zufriedener Mensch. Wenn mein Geldbeutel zwischendurch leer ist, nehme ich eine Schaufel und gehe in den Garten meiner Großmutter. Dort liegen Gold und Geld für ein langes, langes Leben.

Kokainimport GmbH
Hanf auf's
Haschisch frei Haus,
Anruf genügt

57

Andy Strauß

Der aus Ostfriesland stammende Andy Strauß steht seit Ende 2006 auf Poetry Slam-Bühnen, inklusive Auszeichnungen für sein Lebenswerk. Inzwischen hat er an unzähligen Meisterschaften teilgenommen, versucht aber immer Amateur zu bleiben und neben der Wortkunst andere künstlerische Sparten zu bedienen. Er schreibt Kurzgeschichten, Theaterstücke, Gedichte und anderen weirden shit. Als Schauspieler kann man ihn in verschiedenen Filmen und Theaterstücken bewundern.

Andy Strauß liebt das Experiment – und das hält jung. Das, was da nicht mehr glänzt, ist lediglich ein bisschen Flugrost.

Mehr unter: www.establishmensch.de

12 mal 2 ist 24
Von Andy Strauß

Ich bin zwar kein Anästhesist, habe mir jedoch, vor allem in der letzten Zeit, ein umfangreiches Fachwissen auf dem Gebiet der Narkotika angeeignet. Normalerweise erfüllt es mich mit Stolz, etwas gelernt zu haben, aber in diesem Fall habe ich nur getan, was zu tun unbedingt notwendig war.

Etherfläschchen sind braun, braunes Apothekerglas mit roten, oben zylinderförmigen, unten kegelstumpfartig auslaufenden Plastikdeckeln. Man geht in eine beliebige Apotheke und fordert dann möglichst seriös, dass man Ether im Rahmen seines Studiums benötigt, um damit Spinnen zu betäuben und so ihre Beine besser zählen zu können. Dies sollte generell immer funktionieren.

Kommt doch eine Nachfrage, beispielsweise wenn die Apothekerin nicht nur pharmazeutisch, sondern auch biologisch bewandert ist, darf man keinesfalls die Nerven verlieren.

„Wissen Sie denn nicht, dass alle Spinnen gleich viele Beine, nämlich vier Paar Laufbeine haben?“, ist eine häufige Apothekerinnenfrage in solchen Situationen. Die Reaktion des Etheraspiranten muss dann möglichst abfällig ausfallen.

Zuerst legt man seine Stirn so kraus es eben geht in Falten, dann hebt man den Kopf etwa

14 Zentimeter und wartet mit seiner Antwort noch rhetorische vier Sekunden, bevor man zum verbalen Totalschlag ausholt: „Woher sollte ich das denn wissen, gute Frau? Ich bin Erstsemester, sonst müsste ich wohl kaum Spinnenbeine zählen!"

Diese Art der Reaktion ist natürlich leider nur den Jünglingen vorbehalten, denen der Zahn der Zeit noch nicht die Mimik zerkaut hat, deren jugendliches Auftreten also noch glaubhaft ist. Ältere Semester setzen das gleiche, zuvor genannte Minenspiel an, Stirnfalten, Nasenerhebung, wahren aber ihren Schein von Professionalität, indem sie fragen: „Verehrteste Apothekermaid, haben Sie schon mal etwas von Karl Popper und seinem schwarzen Schwan gehört und dass induktive Schlüsse in einer wahnwitzigen Reihe von fehlenden Prämissen und sowas enden?"

Sollte sie davon gehört haben, wird sie wissen, wovon Sie reden, Ihnen den Ether aushändigen und bewiesen haben, dass sie nicht nur natur-, sondern auch geisteswissenschaftlich bewandert ist und unbedingt bei „Wer wird Millionär?" teilnehmen sollte. Ist ihr Popper jedoch gänzlich unbekannt, wird sie es aus Eitelkeit bestimmt nicht zugeben und das gewünschte Betäubungsmittel ebenfalls frei von weiteren Anständen aushändigen.

Hat man das Fläschchen dann bezahlt und in die Manteltasche oder in den Rückenkoffer gleiten lassen, kann man noch hämisch und böse lachen, bevor man mit irrem Blick und in die Luft geragten Armen aus dem Arzneikiosk rennt.

Dann hat man Ether. Bei all den vielen Worten hier auf der Welt ausgerechnet Ether. Atmet man genügend Ether ausreichend lange ein, fällt man, nach einem kurzen, sich wie ein alkoholischer Vollrausch anfühlendem Dämmerzustand, in einen tiefen, schmerzfreien Schlaf und erwacht irgendwann mit schweren Kopfschmerzen; eine Erfahrung, auf die man verzichten kann.

Aber bei all den Worten, man braucht Ether. Nicht für sich, wohl aber für die Anderen.

Ein Gedicht:
In der rechten Jackentasche
Ist stets meine Etherflasche
Und damit ich nie lang such'
In der linken dann ein Tuch
Und spricht da einer ohne Grund
Bewegt ganz sinnfrei seinen Mund
Dann wird das für ihn ungesund

Eine Lebensmaxime, an die ich mich gerne halte. Neulich bei der Post. Ich brauchte eine Briefmarke. Hatte kein Kleingeld für den Briefmarkenautomaten. Ging zum Schalter.

„Eine Briefmarke, bitte.“

„Macht 85 Cent.“

„Hier, bitte.“

„Danke, haben Sie schon von dem neuen Angebot der Postbank gehört?“

„Nein und möchte ich auch nicht.“

„Es ist aber ein gutes Angebot, lassen Sie mich vielleicht kurz-“

Meine Hand greift nach der Flasche, öffnet sie, macht das Tuch nass und nähert sich zielstrebig dem Gesicht des redenden Schaltermannes. Postmann schläft. Ich lache und renne mit den Armen wild durch die Luft rudernd aus der Postfiliale.

Zu viele Worte. Eine Zeit lang schliefen viele Menschen in meiner Stadt. Fleischverkäufer: „Darf's etwas mehr sein?“ „Nein.“ „Aber wir haben heute ganz frisch-“ – ZACK – Schaffner: „Darf ich mal Ihr Ticket sehen?“ „Nein.“ „Sie brauchen ein gültiges Ticket um-“ – ZACK – Und andere Menschen, die zu viele Worte verbrauchen. Als mich eine Frau von einem Callcenter anrief, fand ich die Adresse der Firma heraus. Vier Liter in das Belüftungssystem, gute Nacht, heute ist früher Feierabend.

Ich habe eine Nachbarin. Sie redet. Nein. Sie redet viel. Spricht mich an, grüßt mich, sagt, ich hätte Post, redet viel, telefoniert, redet schnell, sinnlos, saudämlich, auch mit sich selbst, mal laut, mal leise und wenn laut, dann höre ich sie von meiner Wohnung aus, redet laut, zu viel, Frau…

Sie redet. Ich klingle. Ether. Sie schläft.

Sie erwacht. Sie redet. Ich klingle. Ether.

Sie erwacht. Sie redet. Ich, VERDAMMT! Ich klingle. Ether. Mehr Ether. Ziehe sie in meine Wohnung, an den Beinen, die Treppe runter. Krz, krz, macht sie an jeder Stufe, auf den Wohnzimmertisch, mehr Ether, ein normaler Faden reißt zu leicht, aber Nylonschnur hält. Nadel rechts unter der Unterlippe rein, an der Oberlippe wieder raus, zwölf Stiche von rechts nach links und zur Sicherheit noch mal zurück, zwei mal zwölf ist vierundzwanzig, zwischendurch noch mal Ether, dann Stille genießen.

Später Geräusche aus dem Wohnzimmer. Frau Nachbarin ist erwacht. Nachschauen. Sie ist etwas benebelt, versucht zu reden, stattdessen schießen ihr Tränen aus den Augen. Sie betastet ihren Mund, zuckt mit dem Kopf, mehr Tränen, weit aufgerissene Augen, heftige Atmung durch die Nase, aber keine Worte.

Ich lächle sie an, sie versteht nicht. Versteht nicht. Es wäre nie so weit gekommen, wäre sie in der Lage gewesen zu verstehen.

Es tut mir leid, aber jetzt muss sie durch einen Schlauch in der Nase essen.

C4H10O oder C2-H5-O-H5-C2
Von Andy Strauß

Es gibt kurze Momente, die in ihrer Klarheit endlos erscheinen oder zumindest durch ihre mehrartige Einzigartigkeit unsterblich werden. Wenn alles auf einen Punkt konzentriert ist und zugleich endlos entspannt den gesamten inneren Raum einnimmt, Sehen, Fühlen, Hören, Lust und Verlangen keine Rolle mehr spielen, ausgeschaltet ist; und dann hörst du im hinteren Abteil auf den Sitzen der ersten Wagenklasse in deinem Kopf einzelne Gehirnzellen zerplatzen.

Plopp… plopp… unregelmäßig… plopp-plplopp… plopp… du wirst dir darüber klar, dass du bist, gewinnst die Kontrolle über deinen Körper zurück und bewegst langsam deine Hand, die einen in Ether getränkten Lappen hält, von deiner Nase weg.

Was übrig bleibt, ist neben der schemenhaften Erinnerung an den Moment ein fieser Kopfschmerz, Übelkeit und ein kalter, unangenehmer, bitterer Rausch. Der Geruch des Ethers verstopft für Stunden alle Rezeptoren für Geschmack und Odeur, die Nase ist eine Untote und du bist vier IQ-Punkte dümmer geworden. Es ist eine Kunst, das Leben noch unangenehmer zu gestalten, als es nach dem Inhalieren von Ether ist.

Und dann gibt es doch Momente, die schlimmer sind und für die keine externe, organische Verbindung vonnöten ist. Momente, in denen plötzlich alles, was deine Welt irgendwie notdürftig zusammenhält, einstürzt, wenn alles einbricht. Dazu brauchst du keinen Anruf, der dir vom Tod eines nahen Verwandten berichtet, keinen Tagesschaubericht, der dir von einer Katastrophe berichtet, dafür brauchst du nur dein Leben alleine – denn das Leben an sich ist der größte Künstler von allen.

Aus der wärmenden, strahlenden Sonne wird ein schwarzes Viereck am Himmel, das mit seinen Strahlen die grellste Halogenlampe verdunkelt, der romantisch-verspielte Morgentau wird zu einer klebrigen Masse, die dich am Vorwärtsgehen hindert, ein Gänseblümchen schlingt sich um dein Bein und reißt dich zu Boden. Die Flora raubt dir die schützende Kleidung, während die Fauna dich unsäglich unsanft penetriert.

Unmöglich hochzukommen, und du wünschst dir den nassen Lappen, um das unerträglich Schreckliche zum erträglich Fürchterlichen zu inhalieren oder du willst ganz Schluss machen.

Pass auf dich auf, mein Freund.

Pass gut auf dich auf.

Jan Cönig

Der Frankfurter Poetry Slammer Jan Cönig ist mehrfacher Hessenmeister und Finalist diverser deutschsprachiger Meisterschaften. Seine Auftritte sind unterhaltsam und begeistern durch eine Leichtigkeit, die man lange üben muss. Das gebotene Themenspektrum ist enorm.

In seinem Podcast „Fee vs. Cönig" bearbeitet er Themen des Alltags mit der Musikerin Fee. Auf Spotify lädt sein Hörbuch „Küss die Taube!" zum Lauschen ein. Sein neustes Buch mit Texten aus über 800 Shows – „Titel fehlt, ist aber entschuldigt" – erschien 2022 bei Lektora. Jan Cönig ist Schildkrötenbesitzer und Sozialarbeiter aus Leidenschaft.

Mehr unter: www.jancoenig.de

Paul
Von Jan Cönig

Pauls Selbstbild ist gemalt von einem Kindergartenkind, dessen Wasserfarbkasten nur noch grau hat. Paul ist der Schlitzschraubenzieher, wenn du eine Zange brauchst. Die wasserfeste Handyhülle, wenn ein Panzer dein iPhone überfährt. Der scheinbar freie Parkplatz in der Innenstadt, in dem ein Smart steht. Paul ist ein Pechvogel und ein Glücksdrache gleichzeitig.

Ich will nicht sagen, dass er computerspielsüchtig ist, aber es gab mal einen Sommer, da hat er weniger Sonne gesehen als die Finnen im Winter. Paul ist kurz vor dem Wegrutschen, aber immer noch davor. Er funktioniert wie ein Uhrwerk: Manchmal hat er Ticks, manchmal bleibt er stehen, manchmal ist er schwer zu reparieren. Ich will nicht sagen, dass Paul nikotinsüchtig ist, aber wenn er mal eine Stunde lang keine Zigarette raucht, dann ist er wahrscheinlich nicht bei Bewusstsein. Er ist auch nicht magersüchtig, aber wenn ihn jemand fragt, ob er zugenommen hat, dann sieht er wieder ein Pölsterchen, eine Stelle, die zu rund ist, einen Makel, irgendwas, das weg muss. Und wenn es ihn erwischt, dann isst er ein paar Wochen lang, so wenig er kann.

Paul ist in keiner Behandlung und keiner Klinik, er hilft sich nicht selbst, es geht halt meistens gut.

Und wenn es mal nicht gut geht, dann stellt er sich vor, er wäre ein Roboter, bei dem die Solarzellen keine Sonne haben, vielleicht muss auch nur ein ganz wichtiges Update installiert werden.

Paul liegt dann viel. Im Bett, auf der Couch, im Park. Auf den Rücken legen, das ist wichtig. Wenn man sich auf den Bauch legt, schaut man auf den Boden, wenn man auf der Seite liegt, ist die Welt gekippt, liegt man auf dem Rücken, sieht man unendlich weit. Einfach mal liegen und feststellen, dass man für die Rotation der Welt nicht verantwortlich ist. Wie ein Karussell dreht sie sich einfach immer weiter, selbst wenn man nicht im kleinen roten Feuerwehrauto sitzt.

Ich will nicht sagen, dass Paul medikamentenabhängig ist, aber er nimmt Kopfschmerztabletten prophylaktisch, jeden Abend seit drei Jahren. Und tatsächlich, keine Kopfschmerzen. Genau wie davor. Das Schönste an Paul, sagt Paul, sind die Daumen. Die sind so symmetrisch, kräftig, kompakt. Wobei schön…na ja. Wenn man einen hässlichen Hund hat, dann ist das Schönste am Hund ja nicht direkt schön. Das Schönste am hässlichen Hund ist, dass alle denken, man sei ein guter Mensch. Und der Hund merkt, dass die anderen Welpen ein „Aaaw" bekommen und er ein „Oh". Er sieht aus wie die fleischgewordene Kinderzeichnung eines hyperaktiven Jungen, dessen eines Brillenglas zugeklebt ist.

Paul hat keinen Hund. Aber wenn er einen hätte, dann wäre ihm egal, ob der Hund schön wäre oder nicht. Überhaupt ist Paul eine ganze Menge egal. Er ist kein Segelschiff auf Weltreise, sondern eine Boje, mit Ketten am Boden fixiert.

Ich will nicht sagen, dass Paul spielsüchtig ist, aber wenn er ins Casino geht, dann setzt er sich ein Limit und verzockt alles, was er besitzt. Er ist kein Alkoholiker, aber wenn Paul mal Saft im Haus hat, dann nur um zu mischen.

Inzwischen ist Paul sehr gut darin geworden, Paul zu sein. Das war auch schon anders. Es gab eine Zeit, da haben sich alle immer Sorgen gemacht, weil er der Typ ist, der eher nicht so gut klarkommt und wenn der Boden auch nur eine Stelle hat, die leicht zum Stolpern einlädt, dann nimmt er sie mit. Paul findet Fettnäpfchen wie Deutschlehrer Rechtschreibfehler. Doch mit der Zeit haben sich die Sorgen abgerieben wie Hornhaut, steter Zweifel höhlt das Sein. Paul hat sie überlebt, die Pubertät, die Schule, das Mobbing. Sein Mangel an Ambitionen hat ein historisches Nummernschild. Der Trick ist einfach: Einen Fuß vor den anderen setzen, einatmen, ausatmen, man hat ja keine Wahl.

Und wenn Paul denkt, dass jemand denkt, er müsste sich doch eine Sorge machen, dann lügt Paul wie kein Zweiter sein Leben zurecht, bis es in jedes Schema passt. Nur nicht zur Last fallen, nur nicht anders sein, wenn alle schauen. Paul ist ein Rad in einer riesigen Maschine, ein Seiltänzer in der Welt des erreichbaren Überflusses. Das Auto, das kurz vor der Kollision automatisch bremst, immer wieder. „Ich könnte jederzeit aufhören" und „Mir geht's doch ganz gut" sind die Türme seiner Burg aus Fantasie, Plastik und Staub, die von außen strahlt und nach innen schimmelt.

Ich will nicht sagen, dass Paul kaufsüchtig ist, aber der DHL-Mann hat einen Zweitschlüssel für seine Wohnung. Und wenn da mal wieder ein Paket steht, dann weiß Paul gar nicht mehr, was das für ein Gefühl war, als er unbedingt einen Käsehobel in Form einer Maus brauchte. Er ist weder drogen- noch mediensüchtig, aber wenn er nicht täglich vor YouTube sitzt und kifft, wird er unruhig.

Paul ist eine Handbreit vom Scheitern entfernt. Sein Ziel ist, alt zu werden, denn die Geschichte wird von denen geschrieben, die überleben. Und eines Tages könnte er so alt sein, dass sein Lebenslauf ihm gehorcht wie der hässliche Hund, der dann schlafend zu seinen Füßen liegt. Dann wird sein Leben gewesen sein, wie er will, mit Filzstiften das Selbstbild verbessert, ein paar Abenteuer erfunden und das Fett weggeschnitten. Wenn die Süchte ihn nicht kriegen und solange liegen hilft.

Ich würde gerne sagen, dass Paul Hilfe braucht, aber er will das nicht.

Tonia Krupinski

Tonia Krupinski stand mit 19 Jahren erstmals auf einer Poetry Slam Bühne und ist seitdem als eine der aufstrebenden Künstlerinnen des deutschsprachigen Raums bekannt. Die 1999 geborene Lyrikerin aus Tübingen schaut inzwischen auf über 250 Auftritte sowie mehrere Teilnahmen an Meisterschaften zurück. Spoken Word ist für die Germanistikstudentin Beruf(ung) geworden.

Die Poetin berührt das Publikum mit ihrer authentischen und nahbaren Art und malt mit ihren Texten Bilder für die Ohren, von Gesellschaftskritik bis Selbstironie.

Mehr unter: www.tonia-krupinski.de

Schneehäschen
Tonia Krupinski

00er-Jahre.
Seine Mutter wirft die Teller an die Wand,
sein Vater schreit sie an,
dass sie diese Sachen
nicht weiter mit ihm machen kann.
In der Küche herrscht stetig der Krieg;
Worte und Fäuste, doch keiner, der siegt.
Er fragt sich, wieso haben sie ihn gekriegt,
wenn doch nichts als Hass für ihn übrigblieb.

Und so flieht er in das, was er liebt,
in den fliegenden Beat, den Takt der Musik.
Am Mischpult stehend mixt er Parts,
am Fenster kniend schreibt er Bars,
Sonnenstrahlen fallen durch das alte Glas
auf Kinderzimmerwände, mit Postern von Stars.
So sitzt er Zuhause, ganz ohne Freunde,
Nachbarsleute hören das Dröhnen
des Mixtapes im gesamten Gebäude,
doch hinter Fassaden keine Kindheitsfreude,
denn Vaterfäuste zerstören Kindheitsträume.

Endlich dann Sommer ´08,
Abi gemacht, Zivi geschafft,
Koffer gepackt, schlaflose Nacht,
endlose Fahrt, winziger Mann, riesige Stadt.

19 Quadratmeter sind endlich seins,
sein eignes Versteck, von dem keiner weiß.
Wände verdreckt, sie waren einst weiß,
quietschendes Bett, doch besser als keins,
überm Herd Fett,
aus dem Wasserhahn Eis.

Und wie zuvor in Kindheitstagen
sperrt er sich in der Wohnung ein,
bastelt Beats und schreibt 'nen Reim,
bald wird er es sicher wagen,
er wird bei einem Label fragen
und er malt seinen Traum
in den buntesten Farben.
Wie schon zuvor, in Gedanken weit fort,
bringt ihn Musik an einen besseren Ort.

Doch aufgewacht im Plattenbau Ost,
auf gute Zukunft umsonst gehofft,
der Weg seiner Träume, wie ein Rohr voller Rost.
Sein Alltag schreitet tropfend voran,
wie ein verrosteter Wasserhahn.
Die Nachbarin kommt, klopft lautstark an,
Musik viel zu laut,
doch er macht sie nicht aus.

Boxen bis zum Anschlag aufgedreht,
zuhause für 'ne Handvoll Leute aufgelegt,
Menschen berührt und auch bewegt,

ihre Köpfe geleert, ihre Herzen belebt,
die großen Bühnen immer angestrebt,
doch den Durchbruch hat er nie erlebt.

So begab er sich auf seine Reisen,
er saß auf den Eisen von Straßen und Gleisen,
leise schlich er in heimlichen Kreisen
zu Leuchtreklametafeln, die seine Wege weisen.
Stück für Stück entdeckt er seine neue Stadt,
Pfad für Pfad sucht er sein Glück.
Er läuft Straßen und Gassen auf und ab,
hin und her, vor und zurück.

Verlaufen auf seiner Suche nach Sinn,
seine Träume ersaufen in Vodka und Gin.
Er gerät an Menschen an Orten,
wo sie den Hart-Alk exen,
Stimmung kippen lassen,
anderen fällt es schwer, mit ihnen Schritt zu fassen,
denn sie sind die Weirdos,
die niemals in Mitten passen.
Weil sie kein falsches Wort
über ihre Lippen lassen,
lieber schweigend, lächelnd ihre Kippen paffen.

Samstagnacht.
Er steht in der Schlange, wartet auf Freunde,
ein Kumpel entführt ihn
in die Clubs seiner Träume:

dunkle Räume, zu viele Leute,
runde Teile, klatschnasse Häute,
funkelnde Körper, halbnackte Bräute.
Zu viel gesoffen, doch grade heute
jemanden getroffen, der was bedeutet.

Sie kommt zu ihm rüber,
schneller denn je,
ihre Haut ist weiß von Schnee,
die Nase rot von Blut, gehoben vor Stolz,
ihre Pupillen schwarz wie Ebenholz.
Sie ist die schönste Frau der Welt
oder zumindest von Berlin,
sie fragt ihn, ob sie ihm gefällt.
Er zögert, dann nickt er,
sie braucht nur einen Blick, mehr nicht.
In ihren Augen spiegelt sich Licht.
Und diese Augen sind seine Schwäche,
er begleitet sie weg von der Tanzfläche,
er geht mit ihr mit, hält mit ihr Schritt.
Liebe auf den ersten *Sniff.*

Wochen später.
Musik? Macht er schon lang nicht mehr,
sein Kopf schon lang ideenleer,
er hat nichts mehr zu sagen, fühlt nicht mehr viel,
es gibt kaum noch was, das ihn bewegt,
Lines werden nicht mehr geschrieben,
nur noch gelegt.

Er verfolgt nicht mehr das große Ziel: Durchzubre-
chen, hier rauszukommen,
den großen Traum schon ausgesponnen.
Aufzuhören? Zu früh begonnen.
Die Zukunft ist schon längst zerronnen.

So verschwindet er fast stündlich mit ihr
in der dunkelsten Ecke des Parks,
und zieht den Schnee von ihrem Arm,
schüttelt den Kopf, reibt sich die Nase,
und läuft zurück auf die Straße.

Die tiefschwarze Nacht liegt ohne Hast
wie ein Vlies auf der Stadt.
Und er fliegt viel zu wach
zu dem Lied und dem Krach,
getrieben von Nasen, konstanter Takt,
von dem Schnee und dem hammernden Bass,
von der Spree bis zum Potsdamer Platz.

Verloren zwischen dunkelsten Häuserfassaden,
ertrunken im Trott der Hauptstadt,
er kennt kaum noch seinen eigenen Namen,
findet das hier überhaupt statt?
Oder ist es eine Illusion, ein Traum?
Sein Kiefer stetig am Kauen
und nur noch sie an seiner Seite.
Sie saugt ihn tief in sich auf,
braucht ihn auf,

macht ihn kaputt und pleite,
hinterlässt nichts als Schutt und Scheiße.

Der Stress gibt ihm den letzten Rest,
sodass er sich schließlich völlig perplex
an die Straßenecke setzt,
Vorgartenrasen und Hecke perfekt,
doch seine Nasendecke zerfetzt,
denn er hat die Warenmenge verschätzt.
Und so rotzt er voll Hass,
mit dem Kopf voller Last
das letzte Koks, das er hat
auf den Boden der Stadt.
Er dachte,
sein Konsum sei Zuckerbrot und Peitsche?
Doch Junge sieh dich an,
du bist nur zugekokst und pleite.

Junge. Du hast dir geschworen,
niemals wie dein Vater zu werden,
Doch wenn du so weiter machst,
wirst du wie dein Vater sterben,
nichts erlebt, nichts erreicht, nichts zu vererben,
dein Leben zerbrochen, in tausenden Scherben,
Versprechen gebrochen, gekokst und gesoffen,
die, die dich brauchten heimlich verlassen,
die, die du brauchtest alleine gelassen.
Und niemand, der blieb, niemand, der dich liebt,
also bitte, Junge, bleib bei deiner Musik.

Marcel Ifland

Der 1988 im Ruhrgebiet geborene Marcel Ifland ist hauptberuflich Elektromonteur für Tankstellentechnik. Als einer der Hauptautoren der satirischen Internetenzyklopädie „Stupidedia.org" verkorkste er den Humor einer ganzen Internet-Generation. Irgendwann jedoch starben die Dinosaurier aus, Luther nagelte Thesen an Türen und Stupidedia stellte ihren Betrieb ein. Da man ja irgendetwas machen muss, wenn man zu jung für den Fernsehgarten und zu unbekannt fürs Dschungelcamp ist, hat Marcel Ifland seine Aktivitäten ab 2019 vermehrt auf die Bühne verlagert. 2023 erschien sein Buch „Makaken und andere Katastrophen: 40 Texte für 40 Lebensplagen" bei Dichterwettstreit deluxe.

Der Wodkamann
Von Marcel Ifland

Mir gegenüber wohnt Norbert. Norbert ist Mitte bis Ende fünfzig. Ein mittelgroßer, etwas untersetzt wirkender Mann mit hellbraunen Haaren und Vollbart. Norbert trägt hellblaue Jeanshosen, die immer eine Nummer zu groß wirken und stets ein rot-blau-kariertes Holzfällerhemd. Zu jeder Tages- und Nachtzeit. Böse Zungen – und davon gibt es in unserer Nachbarschaft viele – behaupten, er hätte wohl nur dieses eine und würde auch kein zweites wollen. Ich selbst kann dies weder bestätigen noch dementieren. Obwohl ich Norbert kenne, seit ich vor über zehn Jahren hier eingezogen bin, weiß ich doch nur wenig über ihn. Das Einzige, was ich ziemlich sicher weiß, ist: Ich habe Norbert in diesen über zehn Jahren nicht ein einziges Mal nüchtern gesehen. Niemand hat das. Sie nennen ihn den Wodkamann.

Der Wodkamann muss nicht nüchtern sein. Der Wodkamann DARF nicht nüchtern sein. Der Wodkamann hat seine Rolle zu erfüllen. Eine Rolle, wie sie jedes Dorf, auch ein 65.000-Seelen Dorf wie das unsrige, zu besetzen hat: Die Rolle des Dorftrunkenboldes. Jene klamaukige, mystische Gestalt, jener Harlekin, der angeschickert seinen Schabernack treibt, sorglos seinem Suffe frönt und dessen

Kapriolen die Nachbarschaft erheitern. Dies und nichts anderes ist Norbert.

Was haben wir doch gelacht, als Norbert an Weihnachten vor zwei Jahren im Vollrausch seine Haustür aufstehen ließ und die Kinder seine auf dem Sofa schlafende Gestalt dekorierten, indem sie ihm angeschmolzene Schokolade auf den Bauch klebten. Natürlich ohne zu fragen. Was war das lustig, als Norbert seinen Wagen gegen die Straßenlaterne setze, nachdem er beschlossen hatte, betrunken zum Kiosk zu fahren, um drei Kisten Bier als Nachschub für die Nacht zu besorgen.

Und was lachen wir jeden Abend aufs Neue, wenn Norbert seinen Signature-Move vollführt und zwei offene Flaschen Wodka vor die Tür stellt, um sie am nächsten Morgen wieder ins Haus zu holen und im Laufe des Vormittages zu trinken. Diese Marotte hatte ihm seinen Namen eingebracht.

Immer wenn man Norbert fragt, was er damit bezwecke, antwortet er stets das Gleiche, nämlich, dass er es möge, wenn das Zeug über Nacht an der Luft reife.

Nicht selten kommt es vor, dass ein Halbstarker aus der Nachbarschaft irgendwann im Laufe der Nacht wenigstens eine der Flaschen entwendet. Dies sind noch die gnädigen Streiche. Noch immer geht das Gerücht um, Ferhat aus der Querstraße habe vor zwei Jahren eine der Flaschen gemoppst, ein Drittel getrunken, die Flasche wieder aufgefüllt, indem er hineinpinkelte und sie dann zurückgestellt. Der Dorffunk sagt, Norbert habe sie am nächsten Tag getrunken, ohne den Unterschied zu bemerken. Ich weiß nicht, ob es wirklich so gekommen ist, aber ich befürchte es. Das Gelächter zumindest war wieder einmal groß.

Als ich heute Morgen zur Arbeit gehen will, finde ich Norbert halb bewusstlos mit einer großen Platzwunde am Kopf vor den beiden Stufen hinauf zu seiner Haustür liegend. Er muss gefallen sein beim Versuch, seine beiden Wodkaflaschen ins Haus zu holen. Ich laufe hinüber, drehe ihn in eine stabile Position und rufe den Krankenwagen. Während ich neben Norbert auf dem Boden kauere und warte frage ich mich, ob ich wirklich der Erste war, der heute bereits vorbeigekommen ist und die Situation bemerkt haben kann.

Eine Stimme reißt mich aus den Gedanken: „Nebelig. Ganz schön nebelig heute." Norbert klingt dumpf, ruhig und überraschend unverwaschen. Ich schaue die Häuserschlucht hinunter in einen klaren Sonnenaufgang, aber nicke dennoch zustimmend. „Irgendwann musste das passieren. Die Spirale dreht und dreht sich weiter", stöhnt Norbert und beginnt leise zu erzählen.

Norbert erzählt davon, wie er Bergmann wurde, eine Frau heiratete und sie eine Tochter bekamen. Wie die Zeche 1993 dichtmachte und Norbert auf der Straße stand. Von all den vergeblichen Versuchen, einen neuen Job zu finden, wo es aber scheinbar keine mehr gab für Leute wie ihn, während seine Tochter aus dem Kindergarten kommend fragte, warum Papa denn jetzt dauernd traurig guckend zuhause sitzen würde.

Wie er immer mehr und mehr trank, um die wachsende Versagensangst zu betäuben. Wie seine Ehe langsam aber sicher in die Brüche ging und immer mehr Freunde sich von ihm abwandten – und er noch mehr trank, um die Probleme in der Ehe und im Freundeskreis zu vergessen.

Norbert erzählt von dem Tag, an dem seine Frau seine Tochter an die Hand nahm, das Haus verließ und nie wieder zurückkehrte. Und er noch mehr trank, damit das leere Kinderzimmer von Flasche zu Flasche, von Schlückchen zu Schlückchen ein kleines Stückchen weniger schmerzte.

Er erzählt von dem Jahr, an dem sich an seinem Geburtstag niemand mehr meldete und den folgenden Jahren, in denen er mehr und mehr zum Gespött des Viertels wurde – und weitertrank, weil er schon längst vergessen hatte, wofür er noch etwas anderes tun sollte. Und davon, dass er seine Tochter seit 23 Jahren nicht gesehen hat und er keinen

Schimmer hat, wo sie heute ist und wie sie heute lebt. Wenn sie denn noch lebt.

Norbert erzählt weiter und weiter, auch als der Krankenwagen längst gekommen ist und die Sanitäter ihn versorgen. Ich höre schweigend zu und schäme mich.

Ich schäme mich, weil ich nie hinterfragt habe, warum Norbert ist, was er heute ist. Ich schäme mich, dass ich nie sehen wollte, dass hinter dem unfreiwillig komischen Maskottchen unseres Viertels ein realer Mensch mit einer Geschichte steht. Eine Geschichte des steten Fallens von Dominosteinen, die nach und nach ein Leben einrissen, begleitet und betäubt wie auch gefördert von einem Suchtproblem, welches die Person hinter sich über die Jahre mehr und mehr überlagerte. Für die Nachbarschaft, den Freundeskreis, die Familie und ziemlich sicher auch für Norbert selbst.

„Wann hast du Geburtstag?“, frage ich.

„Am 14. Januar“, antwortet Norbert zögerlich, während die Sanitäter ihn vorsichtig in den Rettungswagen geleiten. Ich nicke stumm. Die Türen des Rettungswagens schließen sich.

„Viel Glück, Wodkamann“, denke ich, während ich dem abfahrenden Wagen hinterhersehe und beschließe im selben Moment, Norbert nie wieder so zu nennen.

Einfach nur chillen
Von Marcel Ifland

Alter… Was war das für Zeug? Ich fühle mich wie von einem anderen Stern. Hui. Das Zeug knallt aber so richtig. All die Wolken. Und der Dampf. Whoaaaaaah. Meeeega. Jetzt einfach nur chillen. Einfach nur chillen und den Abend mal schön Abend sein lassen. Oder musste ich heute noch arbeiten? Ich weiß es nicht. Ist ja auch egal. Was ich weiß, ist, dass es die beste Idee überhaupt war, diesen Typen in der Heinestraße mal auszuprobieren. Ich habe gehört, er hat sein Zeug mit Chilischoten und Lavendelextrakt gestreckt. Voll die krasse Nummer. Und das Ganze für kaum einen Aufpreis. Aber ich muss ja schon sagen, es gibt einem dieses kleine Extragefühl an Geborgenheit, welches ich an einem Trip so ungemein schätze. Ich fühle mich wie in Mutters Schoß. Geborgen… – und überhitzt.

Puh, ist mir warm. Whoah. Ich hab so Hunger, ey. Das ist immer das Miese. Du sitzt herum und willst nur chillen, musst aber gleichzeitig deine scheiß Fressattacken zügeln. Das ist schon kind of abfuck, aber was willste machen? Ich will ja nicht verhungern, aber ich glaube so langsam wirklich, bald ist es so weit gekommen. Aber die Rettung naht ja. Die Pizza ist ja schon im Ofen. Also chillen. Das wird schon werden. Ich sollte mir vielleicht einen Film reinziehen. Einen Film und die Pizza. Eine Pizza und den Film. Alter! Krasser Perspektivenwechsel! Ich muss ein Regisseur sein! Steven Spielberg. Ja. Ich bin Steven Spielberg. Halbtags. Oder Halbnachts, wenn alles schläft. Tagsüber bin ich ein normaler Kerl, aber nachts, da drehe ich Filme. Und niemand weiß es. Niemand. Nicht einmal ich selbst. Ich bin so ein krasser Typ!

Aber die Wände, ja diese Wände, ja, die sind auch nicht ohne. Alles flimmert vor meinem Gesicht. Meine Hände wirken riesig und dunkelblau. Und die Geräusche – alles gedämmt und voller Hall. Aber vor allem die Wände! Diese Effekte! Das ist eine feurige Lightshow, da zahlst du sonst Geld dafür. Gut, für das Zeug hier, da habe ich ja jetzt auch Geld gezahlt, aber ist auch egal.

Einfach nur chillen. Einfach. Nur. Chillen. Aber diese Hitze. Diese Hitze. Dieser warme Schauer. Über und über auf meinem Körper. Die drückt förmlich auf mich ein. Das wird das Chili sein. Das ist diese mexikanische Note. Dieses warme Gefühl in und auf mir mag im ersten Moment ja ganz angenehm wirken, aber irgendwie ist es auch sehr penetrant. Und ermüdend. Ich fühle mich, als hätte ich 30 Kilo Kleidung an. Ich kann mich kaum noch bewegen. Ich will einfach nur noch hier sitzen und mich entspannen. Chillen. Chillen. Chili… Chili Chillen. Oh! Oh! OH! Jetzt verstehe ich den Zusammenhang! Deswegen heißt das so! Ich bin ein Fuchs. So ein vermaledeiter Schlaubi Schlaufuchs. UND Regisseur bei Nacht! Ein filmemachender Nachtfuchs. Da kann Batman mit seiner Verbrechensbekämpfungsinselbegabung einpacken.

Was ist denn jetzt eigentlich mit der Pizza? Ist die fertig? Wie spät ist es eigentlich? Was sagt denn das Handy? Dienstag? Oh. Witzig. Dann muss ich ja wirklich arbeiten. Da hab ich Bereitschaft. Naja. Bereit bin ich immer. Jetzt gerade bin ich sogar eher breit als bereit. Ich habe Breitschaft. Richtig volle, harte Breitschaft. Hühü. Wenn das der Boss wüsste.

Witzig, der Boss – der steht ja genau vor mir. Was für ein krasser Zufall. Jetzt muss ich aufpassen, ihm nicht zu sagen, dass ich heute gar nicht auf der Arbeit aufgetaucht bin. Hab ich das jetzt gedacht oder gesagt? Ich hab das gesagt, sagt mein Boss. Ja, wenn er das sagt. Sorry, ich bin heute zu breit für die Breitschaft, ich bleibe daheim und chille. Chillen kommt nämlich von Chili, wissen Sie das, Boss? Weil Chillen voll die scharfe Sache ist. Finden Sie nicht auch, dass es ganz schön heiß hier ist? Der Typ aus der Heinestraße hat gesagt, da wäre auch Lavendel drin. Riechen Sie das? Ich finde, man riecht den Lavendel gar nicht. Das riecht hier eher… irgendwie ein bisschen verbrannt. Wann ist die Pizza fertig? Ich habe sie auf 200 Minuten bei 20 Grad gestellt, wenn ich es richtig in Erinnerung habe. So richtig auf die Kette bekomme ich das aber gerade nicht mehr so wirklich weil… Ja, Sie müssen wirklich mal probieren, um das nachfühlen zu können – und ich meine damit jetzt wirklich nicht nur die Pizza. Da müssen Sie sich selber eine kaufen. Sie glauben ja nicht, was für einen Hunger ich habe. Aber die Pizza braucht so lang. Sagen Sie, Boss, was machen Sie eigentlich hier? Ist Ihnen eigentlich nicht klar, dass ich Sie nicht sehen können sollte, wenn ich nicht auf der Arbeit bin? Alter, das muss doch alles eine Illusion sein. Das IST alles eine Illusion. Das ist dieses Zeug. Ich bin in meiner Wohnung. Das ist mein Wohnzimmer und ich trage… Was trage ich denn? Ich trage einen Schutzanzug? Ach, deshalb ist das hier so warm. Und deswegen sehen meine Hände so komisch aus. Ich trage nämlich dunkelblaue Handschuhe. Und es hallt hier so, weil ich einen Helm auf dem Kopf habe. Ja guck. Da hab ich Fuchs alles rausbekommen. Ich geiler Typ.

Bitte Boss, jetzt schreien Sie mich nicht so an. Nur weil Sie der Brandmeister sind, heißt es noch lange nicht, dass Sie mich herumkommandieren dürfen. Jetzt chillen Sie doch mal! Wie? Nein? Och, kommen Sie. Das ist mir zu stressig hier. Ich gehe nach Hause. Ich dachte eh, ich wäre schon dort. Wie? Ich BIN zuhause? Echt? Ja, aber warum dann die Eile? Wo brennt es denn? Ach. Hier. Also heute Abend keine Pizza mehr? Nein? So ein Abfuck. Nächstes Mal wieder ganz ordinär aus dem Postpark…

Achim Leufker

Achim Leufker (gen. Acho – wegen eines Schreibfehlers) wurde 1961 in Rheine geboren. Als ehemaliger Schreibtischtäter ist er seit 2008 auf Poetry Slams und Lesebühnen aktiv. 2017 trat er erstmals als Comedian auf und nahm 2018 an den Kabarett-Tagen des WDR teil. Er ist fester Teil verschiedener Showformate, erreichte mehrmals das Finale der NRW-Meisterschaften im Slam und veröffentlichte 2021 sein zweites Buch unter dem Titel „Du kannst alles schaffen, wenn du nur chillst".

In seinen humorvollen Texten betont der Wortverdreher zur Freude der Leser und Leserinnen in der Regel eher die komischen und skurrilen Seiten des Lebens – von Altwerden bis Alkohol.

Wein oder nicht Wein,
das ist hier keine Frage
Von Achim Leufker

Es gibt Menschen, die sind der Ansicht, *Wein sei Poesie in Flaschen.* Andere sagen, *Wein sei die Milch der Greise* oder womöglich *die Arznei der Welt.* Viele Männer glauben sogar fest, *guter Wein und junge Weiber seien die besten Zeitvertreiber.* So etwas lässt die Frau von heute nicht unkommentiert im Raume stehen und kontert mit der Erkenntnis, *alter Wein und junge Männer seien eigentlich die wahren Renner.*

Ob das alles so stimmt, konnte ich nie wirklich beurteilen, da ich jahrelang im Grunde nicht viel mit Wein im Sinn hatte und mich eher an Frau und Gesang hielt. Ich war eigentlich immer der Überzeugung, Wein sei das, was man trinkt, wenn das Bier aus ist. Hier liegt auch bereits ein Problem, denn derjenige, der dem Biere gern und reichlich zuspricht, gilt gemeinhin schnell als Säufer. Wer hingegen viel Wein trinkt, gilt in aller Augen meist als Genießer. Es entsteht mitunter der Eindruck, je mehr Wein jemand trinkt, umso größer ist das Ansehen als Kenner. Das Lebensmotto des Weinkenners darf darum ruhig auch „Ich trinke wenig, aber dafür oft und viel!" lauten, ohne, dass jemand Anstoß daran nähme – zumal im Brevier des Weinliebhabers ohnehin geschrieben steht, dass Wein, in Maßen genossen, auch in großen Mengen nicht schadet. Natürlich ist das ein Widerspruch, aber eben nur für Biertrinker.

Wie bereits erwähnt, wusste ich persönlich im Grunde rein gar nichts über den edlen Rebensaft. Ich aß nicht mal Weintrauben, weil ich davon ausging, dass es sich dabei im Grunde um Wein in Pillenform handelt. Außerdem glaubte ich, dass Glühwein von einer Rebsorte stammt, die am Fuße des Vesuvs gedeiht. Ich war fest davon überzeugt, dass alter Wein aus Rosinen gewonnen wird und als ich auf einer Gesellschaft einmal gefragt wurde, ob ich Eiswein wünsche, bejahte ich mit den Worten: „Gerne, aber bitte nur ein kleines Würfelchen!“ Und dann Merlot – ich war mir nie sicher, ob es dabei um den Bruder von Merlin oder um einen Badezusatz von Douglas handelt. Ja, ich gebe zu, dass ich darüber hinaus Weingummi lange mit einem rutschfesten Glasuntersetzer verwechselte. Die Jahreszahl auf Weinflaschen hielt ich zudem für einen Hinweis auf das Haltbarkeitsdatum. Ich war sicher, „Vom Erzeuger abgefüllt“ bedeute, dass der Besitzer des Weinguts übermäßig mit seinem Vater gebechert habe. Den Begriff „Abgang“ verband ich mit Schauspielern, die eine Bühne verlassen und nicht mit dem Moment, in dem der Wein die Speiseröhre passiert. Und ob schließlich zu einem Essen Rotwein oder Weißwein gehört, war mir schon immer schlichtweg egal, da ich farbenblind bin.

Wäre ich selbst ein Wein, ich wäre ohne Zweifel ein Primitivo. Trotzdem habe ich in der Vergangenheit bei gegebenen Anlässen zumindest immer so getan, als hätte ich Ahnung von Wein, obwohl ich, wie bereits geschildert, Chablis nicht von Bouillon unterscheiden konnte. Wenn auf einer Gesellschaft einmal das Eis meines Wissens zu diesem Thema bedenklich dünn wurde, lenkte ich einfach das Gespräch in eine Richtung, von der ich etwas mehr verstehe und behauptete Dinge wie: „Hätten nicht die Schweizer, sondern die Franzosen dieses rote Armeemesser erfunden, wären vermutlich ausschließlich Korkenzieher daran." Oder ich sonderte allseits anerkannte Zitate ab. So sagte ich dann meist und außerdem völlig aus dem Zusammenhang gerissen: „Goethe hat gesagt, das Leben sei zu kurz, um schlechten Wein zu trinken!" Dann nickten mir alle anerkennend zu und ich genoss ihre Bewunderung. Niemand sah mir schließlich an, dass ich zu Hause beim Fernsehen manchmal salzige Cracker in Cola mit Gin stippe.

Irgendwann aber überkam es mich und ich wollte einfach dazugehören, wollte ein Teil dieser verschworenen Gemeinschaft sein und mich auch auf gesellschaftlichem Parkett trittsicher bewegen können, ohne peinlich aufzufallen. Ich entschied mich aus diesem Grund kurzerhand für ein Weinseminar, wo ich sogleich Grundsätzliches erfahren sollte. Als uns dann aber der Seminarleiter gleich zu Beginn mantraartig vorbetete „Ein Wein muss ATMEN… ATMEN… ATMEN!“, befürchtete ich im ersten Moment schon, ich sei vielleicht versehentlich in einem Geburtsvorbereitungskurs gelandet. Kurz darauf erfuhr ich dann, dass es unter Weinliebhabern weltweit lediglich fünf anerkannte Anlässe gäbe, an denen es überhaupt zulässig sei, Wein zu trinken. Diese Anlässe sind:

1. Festtage
2. Um den Wein zu ehren
3. Gegen den alltäglichen Durst
4. Um künftigen Durst abzuwenden
5. Jeder beliebige andere Anlass

Welcher Wein dann am besten zu welchem Anlass passt, muss im Einzelfall entschieden werden. Wer zum Beispiel einen Wein zum Hochzeitstag aussucht, sollte sich im Klaren darüber sein, ob er feiern oder vergessen will. Natürlich sollte es aber immer ein guter Tropfen sein. Um einen solchen erkennen zu können, ist folgender Merksatz recht hilfreich: Die Wahrheit liegt im Wein, der Schwindel liegt hingegen meist im Etikett. Auch sollte man wissen, dass nicht jeder junge Wein gleich schlecht sein muss oder jeder alte Wein automatisch gut. Es gilt jedoch als sicher, dass man selbst alt ist, sobald man sich einen Wein aus dem eigenen Geburtsjahr plötzlich nicht mehr leisten kann.

Zu meinem Weinseminar gehörte natürlich auch eine Weinprobe. Hier probiert man zwar selbst den Wein, aber der Wein ist dann nachher eigentlich derjenige, der einen auf dem Heimweg dann seinerseits auf die Probe stellt. Die Weinprobe ist dennoch mehr als nur Degustation, was, wie ich erfuhr, Verkostung bedeutet, bestehend aus „einschenk, guck, schnüffel, kipp, spuck und weg". In diesem Zusammenhang sei darauf hingewiesen, dass gerade das Ausspucken hier nicht als Hinweis auf mangelnde Qualität oder Ungenießbarkeit des Weines gedeutet werden sollte. Wichtig ist, nach dem Probieren in der Lage zu sein, genau und fantasievoll zu beschreiben, was man da nun gerade überhaupt gekostet hat. Hierbei ist die Geruchsschulung elementar. Eine Beschreibung wie „Anklänge von trockenem Waldboden oder Mischwald im Septembernebel und etwas Türschlossenteiser" macht deutlich, dass auch ein absolut überzeugender Wein zwar in harmonische, aber wenig werbewirksame Worte gekleidet werden kann. Und letztlich muss man zugeben, dass so mancher Wein derart pelzig auf der Zunge liegt, dass man Kürschnern und Pelzhändlern nach dem Genuss für einige Zeit besser aus dem Weg geht.

Oder falls mal ein Riesling erschreckend trocken, um nicht zu sagen, sauer daherkommt, nehme man zunächst eine kleine Nase und sage ganz simpel: „Frisch, fruchtig, trocken, leicht, wie er sein sollte." Das passt bei Riesling immer. Man sollte sich jedoch vorher die vierstellige Zahl auf der Flasche eingeprägt haben, damit man abschließend noch konstatieren kann: „Nicht übel, 1992, ein guter Jahrgang!" Übrigens ist das Urteil „fruchtig" grundsätzlich zwar nicht unüblich, trifft aber auch auf Bluna oder Fanta zu, die im Vergleich dann aber eher kurz im Abgang sind und sollte daher nach Möglichkeit sparsam verwendet werden. Wenn man einen Wein beurteilen möchte, sollte man am besten einen Rotwein wählen – und bei Rotwein immer einen Bordeaux, denn der wird nicht selten gepanscht. Egal, was man dann über den Wein sagt, es wird schon drin sein. Selbst wenn man nichts riecht, trifft das erschnüffelte Aroma „Pfingstrose" eigentlich immer, da ohnehin niemand weiß, wie eine Pfingstrose so riecht. Einen Rosé sollte man übrigens in jedem Fall selber mischen, damit man weiß, was drin ist. Er wird nämlich oft nur deshalb als idealer „Nachmittagswein" angepriesen, weil nach dem Genuss dieses Tropfens kaum jemand mehr den Abend erlebt.

Es gibt zum Glück einen todsicheren Standardsatz für ein abschließendes Urteil, der hinsichtlich Aromen, Farbe und Geruch selbstverständlich immer etwas variieren kann. Man probiert mit geschlossenen Augen, setzt dann bedächtig das Glas ab, schaut nachdenklich und sagt: „Hm, ja... am Ende etwas flacher als erhofft... Gewürze... Akazie, Teer, saftiges Rot, echte Persönlichkeit, ölig, ausgewogenes Taningerüst, festes Rückgrad, etwas viel Vanille – bin einfach und prosaisch zufrieden." Das überzeugt, da widerspricht niemand mehr. Aber Vorsicht! Es ist in diesen Situationen oft ratsam, einen deutschen Wein zu wählen, nicht, weil er besser schmeckt, sondern weil die Namen in der Regel leichter auszusprechen sind, als es beispielsweise bei französischen Weinen der Fall ist. Außerdem sollte man niemals einen Wein trinken und beurteilen, der mehr Charakter hat als man selbst, denn so etwas fällt Kennern sofort auf.

Falls ein Wein einmal nicht schmeckt oder nachweislich einfach schlecht ist und der Gastgeber fragt nach einem Urteil, sollte man auch dieses eher höflich, respektvoll und dezent formulieren. Ist einem der Wein zu lieblich, sollte man den Begriff „Trinkmarmelade" vermeiden. Ist er zu trocken, ist die Bezeichnung „Chateau Domestos" ebenfalls eher unglücklich. Das Seminar empfahl für derlei Situationen folgenden Satz: „Schöner Tropfen… mit ein bisschen Öl über einen guten, frischen Salat gegossen bestimmt nicht schlecht!"

Mundet einem hingegen ein Wein in einem edlen Restaurant besonders gut, empfiehlt es sich in Anbetracht der zu erwartenden Rechnung nach einer Dreiviertelflasche laut und vernehmlich „Kork, Kork, Kork… oh mein Gott, er korkt!" zu rufen. Das spart. Es ist allerdings empfehlenswert, darauf zu achten, dass die Flasche keinen Schraubverschluss hat. In diesem Fall würde der Wein natürlich nicht „korken", sondern im Wortsinn wohl eher „schraubverschlussen".

Ob man sich nach einem solchen Seminar im Laufe der Zeit schlussendlich zum Weinliebhaber entwickelt hat, lässt sich leicht am Selbstversuch überprüfen. Wenn einem der Hausarzt beispielsweise irgendwann rät, beim Essen keinen Wein mehr zu trinken und man darauf zu Gunsten des Weins schlicht das Essen weglässt, ist man auf einem guten Weg.

Ich für meinen Teil glaube, dass ich es bereits geschafft habe, da ich oft denke, nur ein offener Wein sei ein guter Wein. Als meine Frau mich vor kurzem fragte, was ich lieber möge, Liebe und Erotik oder Wein, wollte ich spontan wissen: „Bordeaux oder Burgunder?" Wenn das kein Zeichen ist. Auch mein Plan B, den ich mir für Fälle des Lebens zurechtgelegt habe, falls alles andere scheitern sollte, sieht inzwischen auch schon genauso aus wie mein ursprünglicher Plan A – nur halt mit Wein. Und selbstverständlich ist mir bewusst, dass eine Flasche Wein rund 600 Kalorien haben kann. Doch man kann einfach keine Kalorien zählen, wenn man Wein genießt, sondern viel mehr darauf vertrauen, dass alle Kalorien da sind. Außerdem muss man die Flasche ja auch nicht unbedingt gleich mitessen. Auch beim Kochen mit Wein ist mitunter Vorsicht geboten, kann es doch schnell passieren, dass man nach dem fünften Glas Wein schon nicht mehr weiß, was man überhaupt ursprünglich in der Küche wollte. Dass Wein ungesund sein soll, glaube ich übrigens nicht. Würde es tatsächlich stimmen, dass jede getrunkene Flasche Wein das Leben um 13 Minuten verkürzt, dann wäre mein Großvater nach meinen Berechnungen wohl bereits im Jahr 1743 verstorben.

Wein kann das Leben versüßen, soviel ist mir heute jedenfalls klar. Es gibt nämlich Tage, die verlangen nach einem Wein und es gibt auch die Tage, die verlangen nach einem ganzen Weingut. Das sind diese Tage, da braucht selbst das Glas Wein ein Glas Wein. Ich finde darum, dass jeder jemanden haben sollte, der im entscheidenden Moment nachschenkt.

Abschließend dürfen aber auch mahnende Worte nicht fehlen, denn beim Weine sollten wir auch immer daran denken, dass wir über Alkohol sprechen und der ist nun mal ein hervorragendes Lösungsmittel: Er löst Familien, Ehen, Freundschaften, Arbeitsverhältnisse, Bankkonten, Leber und Gehirnzellen auf. Es löst nur keine Probleme! Tja, kein Wein ist saurer als der reine Wein, der einem eingeschenkt wird. Im Wein liegt nun mal bekanntermaßen Wahrheit. Und wer diese Wahrheit im Wein nicht findet, sollte nicht gleich beim ersten Glas aufgeben. Merke: Wein saufen ist Sünde, Wein trinken ist beten. In diesem Sinne: Lasset uns beten.

Alkohol ist nur was für Menschen, die ein paar Gehirnzellen weniger verkraften können

Von Achim Leufker

Der Fetenraum — unendliche Weiten. Wir schreiben das Jahr 2024. Dies sind die Abenteuer des Albtraumschiffs „Thekendienst", das mit einer 200 Mann (das ist die ungegenderte Übersetzung des Originalintros) starken Gästezahl zehn Stunden lang unterwegs war, um neue Promille-Welten, neues Leben und neue Zivilisationen zu erforschen. Viele Lichtjahre von klarem Verstand entfernt, dringt der Thekendienst in Extase-Galaxien vor, die nie ein zurechnungsfähiger Mensch zuvor gesehen hat…

Partylogbuch nach Eintrittspreis,
Sternhagelvollzeit,
Käpt'n „Morgen":

17:00 Uhr

„Kannst du heute Abend auf meiner Party Thekendienst machen, der Vater vom Checker hat wegen Magen-Darm abgesagt?", fragt meine Tochter. Ich lächele sie an und nicke freundlich… aber nur zum Song „You'll always find me in the kitchen at parties" aus den Kopfhörern. Sie deutet diese rhythmische Geste als OK und geht.

18:00 Uhr

Meine Frau erklärt mir den Sachverhalt mit der Aussage „Ein Mann, ein Wort". Dann weist sie mir die Tür und sagt: „Viel Spaß… und trink nicht so viel!" „Ja, was denn nun", denke ich und gehe.

19:00 Uhr

Ich nehme meinen Platz hinter der Theke ein und finde jede Art und Menge von Alkohol und Cola. Warum erfindet Coca-Cola dauernd neue Variationen? Cherry, Light, Vanille, koffeinfrei oder Zero – was soll das? Mir würde schon eine Cola reichen, bei der die Kohlensäure länger als zwei Minuten im Glas bleibt.

19:30 Uhr

Ich knipse mein Heizstrahlerlächeln an. Die ersten Gäste treffen ein: Helly Hanssen, Ed Hardy, Tommy Hilfiger, Jack Wolfskin, Dona Karan aus NY, Hugo Boss, Jil Sander und wie sie alle heißen… und ich hätte wohl niemand von ihnen erkannt, wenn es nicht auf ihren Klamotten stehen würde. Jedenfalls sehen alle aus, wie aus einem sehr ordentlichen Ei gepellt und bestellen direkt Scotch & Soda, Wodka-Red Bull, Prosecco und dies und das und auch mit Schuss… und dann Prost und Stößchen – auf dich – nein, auf dich… nene, auf dich… und kling, klang, klong.

Es entwickelt sich sofort eine Art Klassenfahrt-ausflugsstimmung… für das Lehrerkollegium. Die Gäste haben soeben den Bahnhof von Bad Nüchternheim mit dem ICE-Vollrausch verlassen. Dieser Anblick könnte selbst durch die Einnahme halluzinogener Pilze kaum getoppt werden.

20:30 Uhr

Zwei männliche Betäubungsmittelkaufleute baggern vor meiner Theke ein Mädel an, das aussieht wie Carmen Nebel in jung. Ich serviere ihr Künstennebel, aus Angst, sie könnte mit den Typen den Duplo-Test machen.

21:00 Uhr

Mittlerweile erinnert die Soundkulisse an eine Nachtschicht im Stahlwerk, wird mir von meiner Tochter aber als Spotify-Playlist „Partyhits as hot as hell" erklärt.

„Aber warum so laut?", frage ich leidend. „Wer legt da auf? Ravemaster Supertaub oder wie?"

Eine Freundin meiner Tochter bietet mir ein Fisherman's Friend an, auf dem drei große „E" eingestanzt sind. „Hiermit kannst du die Musik erst richtig fühlen!", sagt sie.

Ich lehne ab, weil ich bei diesem Uz-uz-uz den nächsten Schritt erst gar nicht gehen will.

22:00 Uhr

Ein Castingshow-Vorrunden-Ausscheider, der sich schon seit zwei Stunden Jägermeister in den Pullunder kippt, lechzt und lallt eine Lolita an, die offenbar von Fachleuten auf lebendig geschminkt wurde. „Bruder", denke ich, „da läuft nix mehr, sofern du nicht noch Chloroform und einen Lappen in der Jacke hast – aber das machen wir hier heute nicht." Da trinkt er sich mit Alkohol Mut an, um eine Frau ansprechen zu können. Dann hat er endlich Mut genug, kann aber nicht mehr sprechen. Welch ein Dilemma.

22:30 Uhr

Eine bereits überdosierte Longdrink-Abonnentin mit Schlumpfinchenfrisur hat offenbar Streit mit ihrem irgendwie unleckeren Typen. Der sieht nicht nur *nicht* gut aus, er wirkt sogar eher punkt- als achsensymmetrisch.

„Ich kann dich nicht ausstehen, wenn du trinkst", sagt er.

„Ich kann dich nicht ausstehen, wenn ich nicht trinke", kontert sie.

23:00 Uhr

Drei Barbies und eine Baby Born rollen wie Bowling-Kugeln an die Theke und bestellen Tequila. „Auf Ex!", rufen die Barbies. „Ne, auf den Arsch trink' ich nich' mehr", sagt Baby Born.

24:00 Uhr

Die Tanzfläche ist proppenvoll und sieht aus wie ein offener Feldversuch der geschlossenen Psychiatrie mit Ausdruckstanz gegen Pickel. Die Stücke der Marke „Almhütten-Rock" in extended-maxi-Version sind so lang, dass ich mich frage, warum die Leute eigentlich keine Verpflegung mit auf die Tanzfläche nehmen.

01:00 Uhr

Aus einer entfernten Ecke kommt ein Abstinenzler an die Theke und langweilt sich demonstrativ, indem er beginnt, WhatsApp-Nachrichten an sich selbst zu schicken. Von Weitem sieht er besser aus als von Nahem, ideal für eine Fernbeziehung.

„Kann ich 'n Wasser?", fragt er.

„Da fehlt 'n Verb!", sage ich.

„Kann ich n' Wasser, bitte", sagt er.

„Wie heißt du?", frage ich.

„Kevin", sagt er und mir rutsch unglücklicherweise die Frage heraus: „Deine Eltern mochten dich also nicht sonderlich?"

Er fragt: „Was?"

Ich sage: „Ach nix, die Runde geht aufs Haus!"

„Will ich auch meinen", sagt Kevin, der wie alle anderen für eine All-inclusive-Party bezahlt hat.

02:00 Uhr

Auf der Tanzfläche steht ein relativ alter Mann – also quasi meine Generation – und macht Tai-Chi. Ich finde ihn ziemlich cool. Dann sehe ich genauer hin und begreife, dass es kein alter Mann ist, der Tai-Chi macht, sondern ein Bongwassertrinker, der breit ist wie drei Hauptfahrstreifen und lediglich versucht, nicht umzufallen. Er wird sich morgen nicht nur nicht an heute Abend, sondern vermutlich auch an die letzten zwei Jahre nicht erinnern.

02:15 Uhr

Ein Freund meiner Tochter fragt nach, ob ihn jemand nach Hause bringen könne, da ihm nicht gut sei. Ich bringe ihn nach Hause und fahre zurück zur Party.

02:45 Uhr

Dieser Freund meiner Tochter ruft an und teilt mit, dass ihn niemand mehr bringen müsse, da er bereits zuhause sei.

03:00 Uhr

Ein Typ in einem Betty-Ford-Klinik-T-Shirt, das offenbar sein Bier getrunken hat, kommt an die Theke und bestellt ein Glas „Mull-bu-lalla".

„Du meinst Lumumba?", frage ich. Er rülpst zur Bestätigung. Ich sage: „Glaube, du hast schon zu viel getrunken." „Ich hab' nicht zu viel getrunken, sondern die ganze Zeit", lallt er. Sein Kumpel kommt hinzu, zeigt zittrig auf sein bemaltes Gesicht und sagt stolz: „Wir haben auf meiner Wange mit Edding Tic-Tac-Toe gespielt!" Dann will er rauchen. Ich bin fasziniert, denn ich habe schon einiges gesehen: Kippe falsch herum anzünden, Kippe im Mund, aber kein Feuer… aber Feuer vorm Gesicht und keine Kippe, das ist neu. Beide grölen und teilen sich den Rest des Abends ein Gehirn.

04:00 Uhr

Ein Big-Brother-Mensch torkelt mit nasser Hose aus irgendeinem Aufwachraum. Es muss Ultraschall-Sonar-Urinier-Man sein. Auf jeder Party beginnt er schon auf dem Weg zum WC im Dunklen zu pinkeln… und zwar so lange, bis endlich das ersehnte Gegen-Wasser-Plätscher-Geräusch des WCs ertönt. Der Oscar für die beste Nebenrolle in seinem Leben geht darum an Bier.

05:10 Uhr

Partyende. Die Musik geht aus. Ich erblicke mein Gesicht in einem Spiegel hinter der Theke. Ich sehe aus, wie jemand, der gerade etwas sehr Hohes ohne Sauerstoffmaske erklommen hat. Eine Alkoholsymbiose aus Whitney Houston und Amy Winehouse hat sich in einen Zustand Amok laufender Hormone katapultiert. Sie blickt sich um, wie Bambi mit einer Schussverletzung und entdeckt ausgerechnet mich. Der Altersunterschied zu mir ist so groß, dass ich mich direkt fühle wie Aas. Sie wankt auf mich zu und fragt mit ondulierter Zunge: „Sind Sie verheiratet?"

Mein Vorrat an guter Laune ist erschöpft. Ich sage: „Nein, ich trage diesen Ring nur, damit sich im Stadtbus keine Supermodels an mir reiben!"

„Willzu mich verarschn oda was?", lallt sie.

„Lass mich kurz nachdenken… ja, ich glaube, das war exakt der Plan", sage ich und gehe.

05:20 Uhr

Ich treffe draußen meine Tochter am Auto und frage: „Na, wie fandest du's?"

„Voll gut", sagt sie.

„Ja, voll hätte ich es auch gut gefunden", entgegne ich. „Habt ihr noch einen Platz im Wagen frei?" „Ja, vorne links", sagt sie und setzt sich nach hinten.

05:21 Uhr

Ich hole mir eine Flasche JAMESON von der Theke und mache mich zu Fuß auf den Weg.

16:50 Uhr

Ich öffne die Augen und bin in einem Kino. Nachmittagsvorstellung. Es läuft *Hangover* und ich verstehe auf einen Schlag Munchs Bild „Der Schrei" ohne weitere Erklärung.

Martin Geier

Martin Geier aus Weißenburg kam im Februar 2005 zum Poetry Slam. Zeitweise leitete er verschiedene eigene Veranstaltungen, steht aber lieber selbst am Mikrofon. Mit seinen über 900 Auftritten schaffte er es acht Mal, sich für die deutschsprachigen Poetry Slam-Meisterschaften zu qualifizieren. Zu seinen schönsten, aber auch kräfteraubendsten Erlebnissen zählt die Teilnahme am längsten Poetry Slam der Welt in Nürnberg, bei dem er nach 22 Stunden knapp vor dem Finale ausschied.

Martin spielt in seinen Texten mit Klischees, ist mal bitterböse, dann wieder liebevoll augenzwinkernd und entlarvt dabei die Absurditäten der öffentlichen Meinung und der verborgenen Ängste.

Kiffererlebnisse
Von Martin Geier

Befinde mich auf einer Party – in der Mitte des Raumes, am Boden liegend. Schuhe, die kommen, Schuhe, die gehen. Aua! Schuhe, die kommen, Schuhe, die gehen. Auuuuaaaa!

Mir wird es hier zu hektisch und so krieche ich hinüber zum Bett. Aber das Bett ist hoch. Zum Glück passe ich genau darunter. Und so schaue ich unter dem Bett hervor, wie aus einem Mäusebau heraus und sehe: Schuhe, die kommen, Schuhe, die gehen und keine Schuhe, die treffen.

Schlafe ein. Träume vom Bodensee. Aber anstatt mit Wasser ist dieser mit Milky Way-Riegeln angefüllt. Er ist umgeben von einem Gebirge aus Milky Way. Einem hohen, einem großen Gebirge. Dieses beginnt zu zittern, zu schaukeln, gar zu wackeln – es stürzt ein.

Wache auf. Das Bett wackelt. Das Bett wackelt heftig. Vernehme auch Stöhnerei. Oh nein! Wie komme ich denn jetzt unter dem Bett hervor? Und was ist, wenn das Bett unter der Last der Poppenden über mir zusammenbricht?

Außerdem habe ich jetzt absolut krassen Heißhunger auf MILKY WAY!

Etwas später. Da das Wackeln nachgelassen hat, mal nachgucken. Schiebe meinen Oberkörper am unteren Bettende nach draußen. Sehe nun einen nackten Frauenhintern. Sie hat sich nach vorne gebeugt und bläst Alexander einen. Das erkenne ich daran, dass seine Freudenschreie beim Fußball ähnlich klingen. Wer sie ist? Weiß ich nicht. Vernehme ja nur ihr Schmatzen um Alex Glied und ihr Hintern ist zwar hübsch, hat jetzt aber nichts Charakteristisches. Nutze die Gelegenheit und krieche hinüber zur Tür. Dort angekommen, drehe ich mich nochmals um. Sie hat einen schönen Rücken, tolle kastanienbraune Haare. Die hätte ich gern mal in meinem Bett. Obwohl. Habe ich ja. Ist ja mein Bett.

Bin mittlerweile auf dem Gang unterwegs, auf allen Vieren und tappe durch die Colapfützen und Bierseen der Party, dazwischen sind Brösel und noch manche Baguettereste. Auf einem Stück ist Käse drauf, auf einem anderen Salami und auf diesem sogar beides. Mmhh, ESSENSRESTE! Schmeckt auch noch fantastisch. Nur so leichtes Knirschen beim Beißen.

Ich höre weit entfernt: „Ruhestörung… Es ist weit nach Mitternacht… Müssen wir wohl die Musikanlage mitnehmen.“

„Spießer, oder was?“, denke ich mir. Die Stimmen kommen von der weit offen stehenden

Haustüre, die mit diesem eigentlich sehr langen Hausflur (der in diesem Moment viel zu kurz ist) bis zu meinem Treppenabsatz führt.

Zwei bayerische Polizisten betreten das Haus. Ziehe mich an der neben mir befindlichen Kommode nach oben und blicke in mein eigenes Spiegelbild. Oh Gott, oh Gott. Die merken doch sofort, dass ich gekifft habe. Ich brauche Raumspray in den Haaren, Alkoholgestank aus dem Mund und irgendwas, was meine Augen offen hält. Ich brauche…

Vor mir auf der Kommode stehen die Reste der Wodka-O-Saft-Bowle in der großen Salatschüssel. Tauche den Kopf ein, beginne zu trinken, tauche wieder auf, öffne dabei aber die Augen zu früh. Die Soße läuft mir aus den Haaren und tränkt meine Klamotten, meine Augen brennen nach O-Saft und Wodka – sind jetzt aber mal sowas von offen und aus meinem Mund stinke ich nach Alkohol. Geschafft. Gut getarnt.

Laufe nun, auf meinen beiden Beinen aufrecht stehend, auf die Polizisten zu, nutze nur die linke Wand als Stütze und schleife mit meiner Schulter daran entlang. Der eine Polizist weicht mir aus, der andere hält mir sogar die Türe auf. Ja, mit legalen Mitteln darf man in Deutschland abstürzen.

Stehe auf der Straße. Ich habe es geschafft. Aber Bedürfnisse. Milky Way, Milky Way – habe

Heißhunger auf MILKY WAY! Wo bekomme ich jetzt einen so leckeren Schokoriegel her? Im Freibad um die Ecke gibt es doch einen Süßigkeitenautomaten! Und so ist mein Heißhunger eindeutig größer als meine Antriebslosigkeit und ich laufe los.

Kurze Zeit später erklimme ich das hölzerne Tor der dem Freibad benachbarten Minigolfanlage. Jetzt trennt mich nur noch eine mannshohe Gartengittertür vor dem Freibad von dem Süßigkeitenautomaten. Mit beiden Händen an dem Gittertor hochziehen, aufstemmen, wie damals im Schulsport am Reck. Halten, halten, halten und herumschwingen. Eine Reckstange hat allerdings kein Gitter darunter hängen. Und so wälze ich mein ganzes Körpergewicht über den gegen die Gitterstäbe gepressten Kopf ab. Falle zu Boden, blute an ein paar Stellen am Kopf. Egal. MILKY WAY.

Und schon stehe ich vor dem blau leuchtenden Automaten im ansonsten dunklen Freibad und lasse mir ein Milky Way heraus. Beiße erst nur ein kleines Stück ab, aber verarsche mich nicht gern selbst und schlinge es dann komplett herunter. Jetzt kann ich ja wieder zurück zur Party. Laufe über das Gras. Aber warum eigentlich zurück zur Party? Bedürfnisse sind doch gestillt. Bleibe stehen. Bin ja eigentlich auch schon wieder recht müde.

Lege mich hin aufs Gras und rolle mich schon mal in Embryo-Stellung zusammen. Mein Handy piept. WhatsApp – WhatsApp kann man ja noch schnell lesen. Nachricht von Tanja.

„Du Martin, es war falsch von mir, dass ich heute mit dir Schluss gemacht habe. Die WG-Party dürfte doch bereits vorbei sein und dann komme ich doch einfach vorbei und wir können reden und mehr ;)" – „Reden und mehr ;)" – „und mehr ;)"

BEDÜRFNISSE – habe wieder Power – bin hellwach. Mein Körper fährt nach oben. Mein Kopf schafft 80 Zentimeter, bevor ich von unten gegen einen gusseisernen Mülleimer knalle.

Fahre wieder nach unten. Sehe nur noch Sterne und bin dann weg.

Marina Sigl

Marina Sigl wurde 1996 im Schwarzwald geboren und studierte Chemie und Deutsch an der Universität Konstanz. Während ihres Studiums gründete sie eine Hochschulgruppe für kreatives Schreiben und stand im Januar 2018 das erste Mal auf einer Poetry Slam-Bühne. Seither kann sie auf über 250 Auftritte in ganz Deutschland zurückblicken.

Ihre Slam-Texte spiegeln alltäglich Gesellschaftliches mit einem doppelten Augenzwinkern wider und führen auf humorvolle Art Missstände und persönliche Verfehlungen vor Augen. Mal lyrisch, mal lustig liefert sie stets eine originelle Perspektive auf die kleinen und großen Dinge des Lebens.

Mehr unter: @marina_sigl auf Instagram

Da stimmt die Chemie!
Von Marina Sigl

Als ich in der achten Klasse das erste Mal Chemieunterricht hatte, ist etwas ganz Mieses passiert. Man muss vielleicht dazu wissen, dass ich ein sprachliches Schulprofil hatte, dementsprechend waren wir quasi nur Mädchen und vielleicht vier Jungs in der Klasse. Erste Chemiestunde also, der Lehrer läuft in den Chemiesaal, schaut sich kurz um und sagt: „So viele Mädchen? Das kann ja gar nichts werden hier."

Ich habe dann Chemie studiert. Aus Trotz. Was ich zu Beginn noch nicht wusste ist, dass die Liste krass anstrengender Studiengänge ungefähr folgende ist: Medizin > Zahnmedizin > Chemie. Aber ich war halt schon dabei und meine schwäbische Erziehung lehrte mich, Dinge, die man beginnt am Ende auch durchzuziehen.

Mein Chemiestudium besteht zu großen Teilen daraus, meine Lernmaterialien zu laminieren, damit die Tränen davon abperlen. Chemiestudium, wo es normal ist zu fragen: „Und, wo bewahrst du dein Chloroform auf?" Manchmal bin ich mir auch nicht sicher, ob mir schwindlig ist, weil ich irgendwas Falsches, etwas Richtiges oder was ganz Falsches eingeatmet habe. Ist aber auch eigentlich egal, an irgendwas muss man ja sterben. Das hat mein

Professor auch immer gesagt, wenn er mit dem Wurstbrot durch die Labore patrouilliert ist und zwischendurch den Finger in den Schwermetallabfall gesteckt hat. Auch 'ne Möglichkeit, den Eisenmangel auszugleichen. Gut, der Professor ist mittlerweile tot. Aber recht hatte er trotzdem.

Manchmal wache ich nachts um drei Uhr schweißgebadet auf und muss nachschauen, in welcher Kristallstruktur beta-Nickel vorliegt. Wenn ich die Nickel-Modifikationen entdeckt hätte, hätte ich sie wenigstens cool benannt. Für die stabilste Modifikation: Pumper-Nickel. Und den Rest — sowas wie Nickelback. Nickelauda. Oder nach meinem geliebten Zwerghasen: K-Nickel. Unser WG-Kaninchen.

K-Nickel ist manchmal auch um drei Uhr nachts wach und knabbert an einer Karotte. Das ist süß. Nicht süß ist es, sich als ausgebildete Chemikerin mit Menschen wie meiner Mitbewohnerin Lisa rumzuschlagen. Lisa kauft K-Nickel immer Bio-Karotten, weil in den anderen Karotten so viel Chemie drin ist. Und mir stellt sich bei der Logik immer eine Frage, die ich an dieser Stelle exemplarisch stellen möchte: Liebste Lisa, wenn Chemie die Lehre der kleinsten Teilchen ist, aus denen du, ich, dein Smoothie, der Küchentisch, und ja, auch das ganze Universum bestehen… **WIE** willst du die Chemie aus der Karotte bekommen?

Lisa gehört auch zu den Menschen, die keine genmanipulierten Lebensmittel kaufen wollen, weil sie das komisch findet, aber sich beim kleinsten Anflug von Grippe genug Tabletten hinter die Binde kippt, um noch Nierenschäden in der dritten Generation ihrer Nachkommen zu hinterlassen.

Das finde ich fast so toll wie Leute, die mir sagen: „Das sind gute Medikamente, die sind rein pflanzlich." Als ob pflanzlich automatisch richtig ist! Inzwischen bin ich vorbereitet: Für solche Situationen habe ich seit neustem immer eine ich-auflösende Menge Magic Mushrooms dabei oder für die, denen das zu schwach ist, einen Grünen Knollenblätterpilz (das ist dann ein *ganz natürlicher* Tod).

Einmal, als ich vom Labor nach Hause kam, hatte Lisa ein Stück Bio-Karotte in Putzmittel eingelegt und gesagt: „Wenn die Säure das mit einer Karotte macht, was macht es dann erst mit unserer Lunge, wenn wir das beim Putzen einatmen?" Ich hielt ihr dann eine rostige Kette unter die Nase und sage: „Wenn Sauerstoff DAS mit Eisen macht, was macht er denn dann erst mit deiner Lunge?"

Chemie ist geil. Es hat bloß ein Image-Problem, weil sofort alle an Gift oder Unfälle denken. An Explosionen. Und ja, ab und zu explodiert im Labor auch mal was. Aber selten absichtlich. Oder Leute denken an Breaking Bad und dass alle Chemiker*innen heimlich Geld mit Drogenherstellung verdienen. Darüber hat mein Professor immer herzlich gelacht, einen Zug aus seinem Rundkolben genommen und noch heftiger gelacht. Kleiner Fun Fact dazu, der eigentlich eher ein Sad Fact ist: Die chemische Formel für Lachgas ist nicht H-H.

So, wen habe ich bisher zum Chemie-Fanboy oder -Fangirl bekehrt? Wahrscheinlich zu wenige. Gut, dass ich noch einen Chemie-Rap geschrieben habe, weil ich habe mir sagen lassen, gegen Hater macht man am besten einen Disstrack:

Jo.
Alles besteht aus kleinen Teilen
Und ich baller' diese Zeilen
Um euch Pissern zu beweisen
Wie die Elektronen kreisen!
So wie um mich dreht sich alles auf der Welt
Ich stelle her, was mir gefällt
Und mache nebenbei ganze Konten voller Geld
Meine Stoffe sind so fresh
Safe ertrinke ich in Cash
Mein Skill ist on fire wie ein Bunsenbrenner
Ich sortier' die Elemente wie ein Phasentrenner
Von euch kriegt keiner Öl aus Essig,
also Maul halten, ihr Penner!
Wir haben Schrödinger, Curie und Heisenberg
Wir zünden an und lassen's knallen,
so wie Feuerwerk

Ich kann Sprengstoffe, Giftstoffe und Uran
Und ich spitte krasse Namen: Tetrahydrofuran!
Ich hantier' mit Säure und Base
destillier' für eure Schnapsnase
Bin viel zu hot für euch,
drum chill' ich in der Gasphase
Denn ich bin der Brennstoff hier und ihr nur meine
Abgase
Skirr. Oder so.

Wisst ihr, ein Chemiestudium ist hart. Und wenn ich erzähle, dass ich Chemie studiere, höre ich eigentlich immer nur „Das hab ich nie verstanden", „Oha, voll giftig alles!" und „Hey, sag mal…kannst du für mich Meth kochen?" Dass wir ein noch viel riesigeres Welthungerproblem hätten, wenn es Konservierungsstoffe, Dünger und Pflanzenschutzmittel nicht gäbe, scheinen alle Leute zu vergessen, sobald sie einen harmlosen Farbstoff in ihrem Früchtejoghurt entdecken. Fünf Jahre Chemiestudium liegen jetzt hinter mir. Und ich würde mir einfach wünschen, dass mir Leute glauben, wenn ich sage, dass chemisch nicht automatisch schlecht ist. Weil so einfach ist es nicht.

Zum Schluss möchte ich jetzt allerdings noch die Frage beantworten, die ihr euch nun seit geraumer Zeit stellt: Ja, ich weiß, wie man Meth herstellt. Und wenn ihr mich jetzt entschuldigt… ich habe da noch was auf dem Ofen. Zwinker.

Micha-El Goehre

Micha-El Goehre ist gebürtiger Ostwestfale und lebt als Bühnenpoet und Autor in Essen. Er hat seit 2002 über 1800 Poetry Slams im gesamten deutschsprachigen Raum bestritten und Hunderte davon gewonnen. Außerdem hat er zehn Bücher veröffentlicht, zuletzt die Textsammlung „Wenn das Leben dir Limonade gibt, mach Zitronen draus!". Seine Romantrilogie „Jungsmusik" wurde nicht nur von der Szenepresse hoch gelobt. Die dazugehörende Kolumne erscheint im Musikmagazin „Legacy". Micha-El Goehre hat zudem ein Livehörspiel aufgenommen, als Radiomoderator und DJ gearbeitet und mehrere Lesebühnenprojekte geführt.

Mehr unter: www.michaelgoehre.wordpress.com

Tequila suicide
Von Micha-El Goehre

Manchmal, in schwachen Momenten, glaube ich, die Menschheit könnte sich vielleicht doch auf einem Weg der Besserung, der geistigen Weiterentwicklung befinden, die uns auf eine höhere intellektuelle Stufe führt und dass es noch Hoffnung für uns gibt und wir eines Tages in Harmonie und paradiesischen Verhältnissen leben können. Aber dann belehrt mich YouTube eines Besseren.

So wurde ich mit einer neuen Art des Alkoholkonsums bekannt gemacht, die mich wieder einmal davon überzeugt, dass es besser wäre, Nacktschnecken oder Grottenolme würden unseren Platz in der Nahrungskette übernehmen. Es nennt sich „Tequila suicide" und geht so: Wie üblich befüllt man ein Schnapsglas mit Tequila, ob weiß oder braun ist in diesem Fall relativ wurscht. Dann lege man zwei (!) Viertel frisch geschnittener Zitrone bereit und streue sich eine ordentliche Linie Salz auf den Handrücken. So weit, so bekannt. Allerdings ist die Reihenfolge des Verzehrs etwas anders als gewohnt: Man schnupft das Salz, kippt den Schnaps und drückt sich anschließend die Zitronenstücke in die Augäpfel. Berichten von Probanden zufolge ist das Genusserlebnis vergleichbar mit dem Beschuss der Genitalien durch eine Nagelpistole oder dem grobkörnigen Peelingeffekt, wenn man unfreiwillig über den Lenker vom Fahrrad absteigt und anschließend mit dem Gesicht ein Stück über den Straßenbelag grindet.

Warum macht man sowas? Weil man es filmen kann. Reihenweise stellen Typen auf den einschlägigen Videoplattformen unter Beweis, dass es eine sehr dumme Idee ist, Tequila suicide zu trinken und feiern ihre Idiotie auch noch ab. Als Betrachter fragt man sich hingegen, ob Zwangskastration wirklich so menschenverachtend ist, wie alle behaupten oder ob es nicht dem Allgemeinwohl dienlicher wäre, die Verbreitung der Gene dieser Gehirnakrobaten unter allen Umständen zu verhindern. Und natürlich sind es fast ausschließlich Männer, die in solchen Videos zu sehen sind. Bei aller Gleichberechtigung verzichten Frauen dankenswerterweise darauf, in diesem Sektor mit den Pimmelpiloten gleichzuziehen. Vielleicht ist im Schritt meiner Geschlechtsgenossen auch die Ursache für solchen Kamikazefun zu suchen. Es geht um den guten alten Schwanzvergleich. Nicht jeder ist Teil eines kriminellen Klans oder der FDP und kann sich einen dicken Benz oder Porsche leisten, um die acht Zentimeter pure Enttäuschung in der Unterbuxe zu kompensieren. Und selbst wenn die Intimbestückung durchaus vorzeigbar wäre, müsste man bei öffentlicher Präsentation selbiger mit Verbringung in die Psychiatrie oder dem Strafvollzug rechnen.

Da allerdings Blödheit hierzulande immer noch nicht strafbar ist, was mir vollkommen schleierhaft ist, verstümmeln und verletzen sich die Vollidioten halt vor laufender Kamera, um ihre Männlichkeit in Form von Schmerzresistenz und Unverletzbarkeit zu demonstrieren. Das mit der Schmerzresistenz erledigt sich allerdings meist schon im Verlauf der gezeigten Aktion, wenn der Tacker dann doch etwas kräftiger als gedacht in die Brustwarze beißt, das Treppengeländer sowohl jegliche Illusionen über das eigene Können auf dem Skateboard als auch das Skrotum zerschmettert oder der Sprung im besoffenen Kopp vom Hausdach in den aufblasbaren Swimmingpool direkt vom Vollrausch in die MRT-Röhre führt. Ob abgerissene Nippel, zerquetschte Hoden oder eine Lähmung nun das richtige Mittel sind, um Frauen zu beeindrucken, wage ich zu bezweifeln. Und selbst wenn es nur darum geht, den sonstigen XY-Chromosomträgern im Rudel etwas zu beweisen, folgen die eher nicht dem Alphawolf, der im Sopran heult, bei der Paarungsbalz nur noch beratende Funktion einnimmt und zur Jagd getragen werden muss.

Das Verletzungsrisiko bei Tequila suicide ist zwar relativ gering, aber es wird immerhin von apokalyptischem Nasenbluten und bis zu einer Woche andauernder Blindheit berichtet. Außerdem neigen die Probanden ob der Reizüberflutung übersäuerter Augenundgesalzenem Naseninnenraumsbishochindie Stirnhöhle zu unkontrollierten Zuckungen bis hin dazu, den Kopf auf Tresen oder Tischplatte schlagen, genau dahin, wo ein sehr stabiles und sehr grobkantiges Schnapsglas steht. Aber geizen wir bitte an dieser Stelle mit Mitleid. Dummheit gehört bestraft.

Man könnte ja fast versucht sein zu hoffen, dass die Darsteller solcher Videos etwas aus der Aktion lernen, aber da muss ich auf das Sprichwort verweisen: Was Hänschen nicht lernt, das lernt Hans nimmermehr. Vielleicht sollte man deswegen Kindern die eine oder andere unangenehme Erfahrung zugestehen, anstatt sie GPS-überwacht in Watte zu packen. Man muss ja nicht gleich nach Art der Impfgegner darauf setzen, dass man so eine Meningitis mal durchleben muss. Wobei ihnen die Erfolgsquote recht geben muss. Viele ungeimpfte Kinder haben exakt nur eine Hirnhautentzündung in ihrem Leben. Merke: Ein totes Kind ist ein immunes Kind. Solchen Eltern sollte man links und rechts eine mit dem Pschyrembel runterhauen. Aber ein bisschen Aua kann schon sein. Wer mal auf eine heiße Herdplatte gepackt hat, macht das kein zweites Mal.

Zum Beispiel hatte mir mein Vater, als ich im Kindergarten- oder Grundschulalter war, mal erzählt, von Pfeffer müsse man niesen. Ich bezweifelte dies, woraufhin sich mein Vater nach Art des Schnupftabaks eine Prise schwarzen Pfeffers auf die

Hand gab und mich dann das Pulver mit der Nase kräftig wegziehen ließ. Den Rest des Tages war ich beschäftigt mit Schnäuzen und Weinen, aber ich hatte meine Lektion gelernt: Gewürze gehören auf's Spiegelei, nicht in die Nase.

Daher hält sich meine Begeisterung für Tequila suicide in Grenzen. Heutige Eltern würden an der niesfördernden Wirkung von Pfeffer zweifelnden Kindern vermutlich nur ein „Das ist halt so" entgegen schmettern, das Kind anschließend in Luftpolsterfolie einwickeln und dann im SUV die hundertfünfzig Meter zum kombinierten Tennis-Business-Mandarin-Training chauffieren. Da fehlt dann einfach die praktische Erfahrung und Jahre später sehen die Eltern dann den ehemalig aufsteigenden Stern an der Förderschule auf YouTube, wie er die Dinge tut, die jegliche Hoffnung auf einen Vorstandsposten bei Siemens Hongkong oder Enkelkinder zerstört. Aber das haben sie sich dann selbst zuzuschreiben.

Vielleicht sind die Menschen gar nicht so dumm, wie sie wirken. Vielleicht sind sie allesamt nur schlecht erzogen. Vielleicht gibt es eine schwache Hoffnung auf Besserung bei künftigen Generationen. Darauf trinke ich einen Tequila. Aber keinen „suicide", bin ja nicht blöd, sondern ganz klassisch. Salz in das eine Ohr, die Zitrone ins andere und den Schnaps in die Hosentasche gekippt. Arriba!

Bonustext: Haben wir noch Peps dabei?
Von Elias Raatz

Das Thema der Legalisierung von Drogen ist so aktuell wie eh und je. Die Debatten um die Herausgabe diverser Substanzen halten die Welt seit Jahrzehnten in Atem wie ein prall gefüllter Joint eine Rotation gieriger Verliererkrautpaffer. Während weißbiergeschwängerte CSUler noch immer etwas von „Null-Toleranz-Politik" in ihren schnupftabakverklebten Bart lallen, hat sich Sophia eine heroische Dosis Ketamin in ihre Nasennebenhöhlen gerotzt, weil sie es für Koks gehalten hat. Sophia ist jetzt tot, aber der „War on Drugs" lebt – und täglich kämpfen mehr Menschen in diesem Krieg mit, meistens auf der Seite der Drogen.

Während Sie diesen Text lesen, hat irgendwo in Deutschland eine circa 20-jährige Lisa das erste Mal eine Line Amphetamin vom Handrücken ihres Freundes gezogen. Ihr Freund hat das Zeug mit einem Reinheitsgehalt irgendwo zwischen 5 und 45 Prozent übrigens von einer „sehr vertrauenswürdigen Quelle", die das Speed hoffentlich nur mit Koffeinpulver und keinem Paracetamol oder noch Schlimmerem gestreckt hat.

Oft ist das Problem nicht die gewünschte Konsumsubstanz an sich, sondern das, mit dem sie gestreckt ist. Oder es muss sich auf dubiose Wirkstoffmengen verlassen werden, welche die bereits erwähnten „vertrauenswürdigen Quellen" angeben. Das geht schnell schief, wenn ein Ecstasy-Teil mit 50 mg MDMA-Wirkstoff verkauft wird, aber am Ende 200 mg drin sind – ein beschissener Tod, nur weil man sich direkt zwei Stück gegönnt hat. Daher sollte man stets „Nein" zu einem kleinen blauen Bestrafer sagen, wenn man nicht weiß, wie stark der einen am Ende wirklich für den Konsum bestraft.

Der Gebrauch bewusstseinserweiternder Drogen ist ein menschliches Phänomen. Ja, Drogen sind gefährlich und vor allem der regelmäßige Konsum schadet einem selbst und meist auch Menschen im eigenen Umfeld. Dennoch entspricht die aktuelle Drogenpolitik nicht der Lebensrealität. Konsument*innen sind keine Kriminellen. Und die hauptsächliche Gefahr illegaler Substanzen geht nicht von der Substanz selbst, sondern von ihrer strickten Illegalität aus. Dadurch, dass Konsumierende fast keine Kontrolle darüber haben, was sie eigentlich wirklich konsumieren – und im Falle einer Suchterkrankung oft nur schwer Hilfe finden. Ich will nicht darauf hinaus, dass wir alle Drogen legalisieren sollten. Aber die Realität sieht eben so aus: Wer Drogen konsumieren will, tut das auch. Daher ist es wichtig zu entkriminalisieren, für eine ehrliche Drogenaufklärung zu sorgen und Drug Checking anzubieten, um Menschen vor dem Konsum verunreinigter, gestreckter oder außergewöhnlich starker Substanzen zu schützen – und damit auch sie selbst.

Alle Autor*innen

Vorwort & Bonustext: Elias Raatz | Illustrationen: Barbara Gerlach

Buchempfehlungen

Themenbände – originell auf den Punkt

In unseren Themenbänden geben mit die besten Poet*innen der deutschsprachigen Slamszene ihre Gefühle, Ideen, Erfahrungen, Utopien und Meinungen zu bestimmten Themen preis. Ob lyrisch oder prosaisch, ob nachdenklich oder humoristisch, auf jeden Fall lesenswert.

Themenband 1
ISBN: 978-3-98809-002-7

Themenband 2
ISBN: 978-3-98809-004-1

Themenband 3
ISBN: 978-3-98809-009-6

je Themenband
12,95 EUR (D)

Themenband 4
ISBN: 978-3-98809-023-2

Themenband 5
ISBN: 978-3-98809-025-6